有爱心的浇灌 才有桃李的芬芳

勿忘恩师情

主编 拾月
编著 冯雪

图书在版编目（C I P）数据

有爱心的浇灌　才有桃李的芬芳：勿忘恩师情 / 冯雪编著. -- 北京：现代出版社, 2015.4（2024.12重印）
ISBN 978-7-5143-3507-1

Ⅰ. ①有… Ⅱ. ①冯… Ⅲ. ①品德教育－中国－青少年读物 Ⅳ. ①D432.62

中国版本图书馆 CIP 数据核字(2015)第 067930 号

有爱心的浇灌　才有桃李的芬芳：勿忘恩师情

主　　编　拾　月
编　　著　冯　雪
责任编辑　王敬一
内文制作　诚美天下文化传播有限公司
出版发行　现代出版社
地　　址　北京朝阳区安外安华里 504 号
邮　　编　100011
电　　话　（010）64267325
传　　真　（010）64245264
邮　　箱　xiandai@cnpitc.com.cn
网　　址　www.1980xd.com
印　　刷　唐山富达印务有限公司
开　　本　700mmx1000mm　1/16
印　　张　9
版　　次　2015 年 5 月第 1 版　2024 年 12 月第 4 次印刷
书　　号　ISBN 978-7-5143-3507-1
定　　价　57.00 元

前言

青少年是社会的宝贵财富，是人类的希望和未来，正所谓“少年强则国强”。为此，大至一个国家、一个民族，小至一个家庭、一个家族，都特别重视青少年的教育问题。希望他们成为社会的中坚，家族的骄傲。一句话，就是希望他们成为成功的人。于国，能成为有用的人才；于家，能成为顶梁柱。不仅仅要学习好，还要有辨别人世间善、恶、美、丑的能力。在每个人的人生中，除了需要自身的因素之外，还需要拥有感受世界的能力。

恩师、成长，是人生成长、受业与收获，恩师给予我们知识、道理，最终收获了成长。

创意、希望，是对未来充满了信心和奋斗的勇气。

辩证、改变，是让我们学会理性而冷静地面对人生。

犹豫、内疚，是内心的一个警钟，让我们时刻保持着自信。

谦卑、焦虑，是对于生命真谛的领悟。

青春，是人最美好的一段时光，也是人格、性格定型的重要阶段，在这个时期，我们需要享受青春的快乐，同时也需要完成自我塑造。通过心理自助，最终从一个小男生、小女生逐渐成长为一个有着健全人格的人，成长为一个对社会、对家庭、对自我有着相对完整认知的人，成长为能够为自己的未来做主的人。这才是一个最充实、最有价值的青春。每个梦想都值得我们认真对待，每个青少年都是未来的希望。在青春中我们不仅要有欢乐，同时也要拥有未来！

本丛书是你化解烦恼的“心灵鸡汤”，可以给你快乐的心理自助；本丛书会让你认识到：掌控心理，方能掌控世界；改变自己，才能改变一切。本丛书还将告诉你：只有实现积极的心理自助，才能收获快乐而充实的青春。

目录

第一篇 铭记师恩，老师是甘愿为你铺路的人

第二篇 接受指引，有老师就能找到行进的方向

第三篇 多些理解，接受温暖也要传递温暖

目录

第四篇 不负重望，报答之余也成就自己

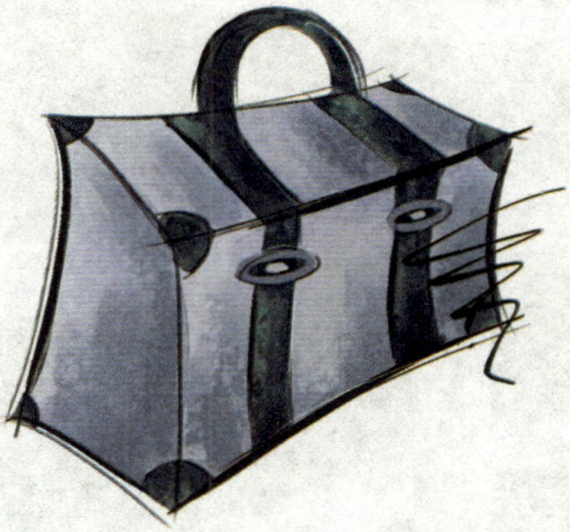

第五篇 心怀感恩，勇敢向老师表达感谢之情

第一篇

铭记师恩，老师是甘愿为你铺路的人

老师，被称作是“辛勤的园丁”，是燃烧了自己，照亮了别人的“蜡烛”。或许对于很多学生而言，老师都是比较严厉的、严肃的，但是当我们走过自己的学生时代，进入社会之后，或许才能了解老师的良苦用心。

老师的爱像温暖的烛光

故事话题

中华民族一直都有着尊师重道的传统美德，有很多关于这方面的典故，其中“程门立雪”非常有名。

在宋朝时期，游酢和杨时都是程颐老夫子的学生，程颐本身就是非常有名望的文人墨客，所以游酢和杨时对自己的老师除了尊重之外，更是充满了崇拜之情。

某一年的冬天，程颐给他们讲课的时候，感到有些累了，就让两个学生自行思考，然后便闭上眼睛休息，竟然不知不觉地睡着了。

游酢和杨时看见老师睡着了，因为害怕自己离开会发出声响惊动老师，就静静地站在老师身边，等着他醒来。没过多久，外面开始下雪了，两个人连忙将屋门关好，生怕寒风将老师吹病了。

过了很久，程颐终于缓缓地醒了过来，此时天色已经暗了下来，可是两个学生竟然还是在一旁认真读书。于是他就问道：“怎么你们还没离开呢？”

“先生您睡了，我们做学生没有向您请命，哪里敢离去呢？”游酢和杨时非常恭敬地回答道。

程颐摆了摆手，就让两个人离开了。等到游酢和杨时走出屋子的时候，却发现外面的积雪已经下了三尺厚了。

故事解析

老师，传道授业解惑者；学生，自然就是接受老师传道授业解惑的人。然而，在更多的时候，老师带来的并不仅仅是知识，同时还有来自长辈的关怀。

在封建社会中，有很多学生都需要和老师住在一起，即便是不住在一起，也需要长时间相处，所以很多老师对于学生而言，都不仅仅是单纯地扮演着老师的角色，同样也有一些是出于长辈对于晚辈的关怀。

同理，学生对于老师的情感也是如此，不仅仅有学生对于老师的尊敬之情，同样也包含着一丝孩子对父亲的依赖。

正如同游酢和杨时对自己的老师程颐老夫子的尊敬，这是因为在他们的内心中，始终将老师放在第一位，同样，在私下，程颐同样也对自己的学生关怀备至。

有人曾经说过，老师对于学生的爱是一种无私的奉献，因为它既包含了一个人内心对于整个社会的责任感，也包含着对未来的某种希望。在人生道路上遇到一个好老师，这种感觉就如同在奋斗旅途中有人作伴，就好像阴霾的世界之中突然增添了一缕温暖的烛光，暖人心怀。

故事穿越

在明朝时期，四川灌县有一位银匠，名叫何云发，他的老师就是传授给他打制银器手艺的人。何云发虽然没有念过多少书，可是他仍然知道尊师重道的重要性，尽管现在他已经自立门户，完全不需要再去孝敬老师了。

何云发和自己的老师家离得并不远，所以他常常去老师家里做一些家务，逢年过节的时候，也会拎着一些礼物去老师家里看望他。到后来，何云发和自己的老师的感情更如同父子之间那般亲密。

在何云发成亲之后，夫妻很是恩爱，但是多年都没有子女。为了给妻子看病，何云发带着她看了很多大夫，都没有任何效果。直到听说在某个地区有一个脾气很古怪的医者，就带着妻子前去看病，可是没想到这位医者连见都没见就把他们轰了出来。

让人意想不到的是，没过多久，这名医者竟然突然来到何云发的家中做客，并且主动提出要给他的妻子看病。原来正是何云发的老师知道了这一切，不顾自己年迈的身体，跑到医者家中，对医者说起何云发是如何尊师重道，这一举动感动了医者。

经过治疗之后没过多久，何云发的妻子就传来了怀孕的消息，第二年，就生下了一个白白胖胖的孩子。

故事微语

在中国封建社会，一个人对于自己恩师的态度，是被很多人所关注的，如果作为学生能够和老师互敬互爱，就如同何云发和他的老师这样，那么在十里八乡之中，这个人也会得到他人的尊敬。

对于何云发而言，老师并不仅仅是教给他赖以生存技能的人，当他因为医生不愿意给妻子诊治的时候，正是老师为他去找医生说情，才让他的家庭收获到了一个新生命。这样的关怀早已不仅仅局限于老师和学生之间的感情了，更像是父子之间的相互关怀。

对于老师的概念，每个时代有各自的时代特点，随着时间的推移，或许这样的师生感情在现如今已经很难再看到了，可是作为每一位学生，都应该对老师心怀感恩。

老师，是一个充满了温度的称谓。正是因为有了老师，祖国的下一代才能在知识的海洋里遨游；正是因为有了老师，学生们才能掌握今后要在社会中打拼的本领；正是因为有了老师，我们才能够茁壮成长起来。

心灵箴言

兴学之本，惟有师范。

——张謇

善之本在教，教之本在师。

——李觏

一位好老师，胜过万卷书。

——佚名

亲爱的老师，您那赤诚的爱，唤醒了多少迷惘，哺育了多少自信，点燃了多少青春，催发了多少征帆。

——佚名

传递智慧，让你变得丰富有涵养

故事话题

世界古代史上伟大的哲学家、科学家和教育家之一，堪称希腊哲学集大成者的亚里士多德师从大思想家柏拉图，从他 17 岁拜师到最后 37 岁离开，时间长达 20 年，甚至有人说，柏拉图和亚里士多德之间，虽说是师生，但情感上更犹如父子。

尽管很多人都认为，亚里士多德最终抛弃了老师柏拉图所持有的“唯心主义观点”，是学生对于老师的一种背叛。可实际上，理论上的分歧并没有影响到柏拉图和亚里士多德之间深厚的感情，而柏拉图因为亚里士多德能够拥有属于自己思想上的认知而感到骄傲。

在亚里士多德刚刚进入柏拉图学院学习的时候，柏拉图就已经注意到这个勤奋刻苦、聪明好学的学生了。了解之后，他曾经这样评价过亚里士多德说：“要给亚里士多德戴上缰绳。”意思就是说，里士多德非常聪明，思想敏捷，不同于一般的学生；如果不为他指明了学习的方向，就不能成为柏拉图期望的人。

果然，亚里士多德最终也成为一位非常伟大的哲学家，丝毫不逊色于自己的老师柏拉图。虽然他师从于柏拉图，但同样拥有自己独立思考的能力和独到的见解，他曾经说过这样一句话：“我爱我的老师，但是我更爱真理！”

故事解析

对于每一个老师而言，最大的成就感并不仅仅是通过一张张试卷，而是自己的学生得到他人的赞扬。没有做过老师的人或许很难体会这种成就感带来的满足感。

尽管亚里士多德在后期和他的恩师柏拉图在理论观点上一直处于针锋相对的对立阶段，可是柏拉图却并没有因此而感到难堪，也并没有因此而在内心深处产生不满的情绪。因为他懂得，尽管学生是他教育出来的，可是他并不是自己的翻版，而是自己钻研知识的传承。

曾经也有人批判过亚里士多德，认为他是背叛了自己的恩师，可是在他眼中，显然并不是这样认为的。知识的传递方式多种多样，所造成的结果自然也是多种多样。当柏拉图将知识和智慧传递给弟子的时候，更重要的是传递给弟子一个正确的价值观——要学会独立思考。

柏拉图就是这样做的，尽管他和弟子亚里士多德在思想认知的观念上有所偏差，可是师徒二人对于独立思考这种认知却如出一辙。

老师之于学生，最重要的并不仅仅是要传授知识，更需要让学生懂得，在这个世界上，知识并不是别人告诉你的，而是自己领悟到的。

故事穿越

中国现代著名历史学家、民俗学家，古史辨学派创始人，现代历史地理学和民俗学的开拓者、奠基人顾颉刚有一个非常特殊的徒弟，叫童书业。在一般人眼中，作为一名研究员，他的学生应该也是才学满腹，可是童书业却是一个连中学都没有上完的年轻人。童书业之所以能够吸引到顾颉刚，是因为他自幼酷爱文史，这是师徒二人共同的兴趣。

在刚开始的时候，童书业来到北平担任顾颉刚的研究助手，那时候他非常穷困，于是顾颉刚就让他和自己一同住在学校提供的宿舍里，和自己同吃、同睡，一同研究文献。

可是没过多久，迫于一些压力，童书业竟然书写了一篇《〈古史辨派〉的阶级本质》的文章攻击了自己的老师，顾颉刚的朋友们都认为童书业此举乃是“忘恩负义”，可是顾颉刚却不这样认为，他心里非常清楚，童书业此举并非是不尊师重道，而是被现实所迫。

在此之后，两个人在生活上仍然彼此关心，在学术上也常常相互交流，虽然偶尔也会因为观念不同而发生一些矛盾，可是师徒二人的感情却比以往更好了。

1963 年，顾颉刚因为病重而要进行手术，他十分担心自己的身体，于是就叫来童书业告诉他，他是这个世界上最了解自己的人，如果自己有什么不测，那么“古史辨派”的重任就交给童书业了。

可是，命运却似乎和这对师徒开了一个很大的玩笑。顾颉刚在这次手术之后，身体恢复得非常好，而童书业却因为疾病原因离开了人世。为了完成童书业的遗愿，顾颉刚将他的遗作《春秋左传考证》和《春秋左传札记》进行订正、作序并推荐出版，也算是老师对学生的肯定和缅怀。

故事微语

对于顾颉刚和童书业之间这种复杂的师生感情，或许很多人都并不能理解，认为童书业在公开场合批判顾颉刚，这个举动是大逆不道的。可是顾颉刚却非常清楚，童书业一定有自己的苦衷。

曾经有这样一句老话：“知子莫若父。”对于童书业而言，一心照顾他、传授给他知识的老师，在他心里的地位就如同父亲一般。迫于压力之下的行为，童书业心中甚至比顾颉刚还要难过。

在我们的人生之中，或许我们也会面临很多种选择，或许在有的时候，连选择的权利都没有，可当我们心中有着坚定的信仰和理念时，就不会真的迷失自我。

就如同童书业一般，尽管他曾经因为一些压力而选择背叛了自己的老师，甚至背叛了老师这一生之中最重要的研究理论。可是他仍然无法抵挡自己对知识传承的使命，依旧回到了老师的身边。这不仅仅是情感上的回归，同样也是知识的力量。

有很多时候，我们常常说，老师就如同是一盏明灯，照亮每一个学生的前程。这绝对不是一句空话。当老师传递给我们知识的力量，就是将智慧的利剑交付到我们的手中，让它成为人生的武器，可以在人生的旅途中一往无前。

心灵箴言

师者，所以传道受业解惑也。

——韩愈

师也者，教之以事而喻诸德也。

——戴圣

教师的威信首先建立在责任心上。

——[苏联] 马卡连柯

老师是最支持你梦想的人

故事话题

南宋时期著名的爱国将领、军事家、战略家岳飞同样也是一个非常尊师重道的人。岳飞出生在一个普通的农村家庭之中，在他很小的时候，父亲就过世了，只能依靠母亲一个人努力支撑着这个家庭。

因为家庭太过贫困，岳飞根本没有钱去私塾学习，但是他很想读书，就常常跑到私塾门口，听私塾先生周侗给其他学生上课。周侗非常欣赏岳飞这种勤奋好学的精神，就免费教他念书，没钱买纸，岳飞就把土地当纸；没钱买笔，就将树枝当笔。

岳飞的进步很快。有一天，岳飞问周侗："先生，我将来也能去当大官吗？"

周侗看了看岳飞的身材说："将来你做不做大官并不重要，重要的是要保国安民，做一个对国家有用的人。"

岳飞想，既然是要保国安民，那么他最大的理想就是当一名将军。周侗听岳飞这样说，心里非常高兴，在宋朝，武将的地位不比文官，而岳飞仍然能够有这样的梦想，看来他是出自真心地想要为国家做贡献，而非是那些只图功名利禄之人。

在周侗的教导下，岳飞开始了单日习文、双日习武。不仅如此，周侗还传授给岳飞射箭绝技，能够左右开弓、百发百中。

可惜的是，周侗并没有看到日后岳飞驰骋沙场保卫祖国的英姿，就因为生病过世了。岳飞亲自为周侗披麻戴孝，执孝子之礼，每逢先生的忌日，不管岳飞身在何处，他都要朝着恩师墓碑的地方跪拜，以此来感激老师对他的恩情。

故事解析

在封建社会之中，很多人最大的梦想就是要考取功名、建功立业，可是岳飞的梦想并非如此，他最大的愿望就是能够保家卫国。

在宋太祖赵匡胤刚刚建立宋朝的时候，就确定了“重文轻武”的治国方针，所以导致了宋朝军事方面的实力并不突出，长期被辽国压制。岳飞出生于北宋末年，看着北宋军队如此不堪一击，心中的悲愤愈演愈烈。

当他的老师知道岳飞竟然有如此远大的志向时，内心也是非常自豪的。不仅如此，他更是将自己的看家本事全部传授给了岳飞。也正是这些本领，才让岳飞在后来上了战场之后创造了属于岳家军的神话。

我们每个人心里都有属于自己的梦想，也都有愿意实现自己梦想的意愿，可如何才能实现呢？这其中就需要有人能够给予我们支持和帮助。其中最重要的便是我们的老师。

老师，不仅能够教会我们相关的专业知识，同时也能够给予我们很多专业上的建议，而这些建议对于我们的人生而言，是非常重要的，所以，在很多时候，老师就是那个能够支持我们梦想的人。他的支持并不仅仅是情感上的支撑和关怀，更重要的就是来自一个长者的教导。

故事穿越

著名歌唱家宋祖英从湖南一路唱到了国际歌坛，除了她自己对于艺术的不懈追求之外，她的老师金铁霖对她的帮助是非常大的。

金铁霖第一次认识宋祖英，是在 1986 年湖南少数民族歌唱大赛上，当时就觉得这个女孩子潜质很好，是唱歌的好苗子。所以后来别人为金铁霖引荐宋祖英来拜师的时候，他立刻就同意了。

当时的宋祖英还只是一个十几岁的小女孩，是一个刚刚从湖南乡间走出来的苗家妹子，从嗓音到外形都非常稚嫩、简朴。于是金铁霖就决定要好好教育这个未来的歌唱家，在金铁霖的严格要求下，宋祖英的进步非常快。在 1990 年，一曲《小背篓》成功地为宋祖英打开了她歌唱家的艺术生涯。

尽管现如今宋祖英已经是知名歌唱家了，可是每次在遇到金铁霖的时候，都表现出学生对老师的尊敬。金岳霖说，有时候，他们一同出席某些活动，如果主办方给她买了头等舱机票，给金老师的却是经济舱，宋祖英虽然不会要求主办方再去购买一张头等舱的机票，但绝对要来经济舱陪着金老师。

宋祖英曾表示，自己永远都不会忘记刚刚到北京之后，那种举目无亲的茫然，当时正是金老师对自己无私的帮助，才让她有了今天的成绩。当时为了照顾几个外地孩子，宋祖英常常和学弟、学妹们一起去金老师家蹭饭，这种感情，并不是时间就能够消磨的。

故事微语

在人的一生之中，父母是给予我们生命和爱的源泉的力量，而教师则是我们答疑解惑的力量。尽管每个角色的分工并不相同，可是他们之间却常常会互换角色，或者说同时肩负起另一个人所要扮演的角色。

对于每个人而言，真正的启蒙老师并不仅仅是某一位老师，而是我们的父母。正是他们最初的教导，才让我们懂得了很多人生的道理。而在我们成长过程中，尤其是当我们住校之后，老师的职责就不仅仅是要教导我们掌握知识，同时也会在生活中无微不至地关怀我们。

正如同宋祖英和老师金铁霖之间的关系，当宋祖英为了自己的音乐梦想只身一人来到北京之后，在她的身边，没有了父母的叮咛，没有了亲人的陪伴，能够依赖的只有老师一人，这种情感，早已超越了普通的师生情谊。

所以，老师对于每个人而言，并不是单纯的为我们答疑解惑的人，更是充当着人生航线引路人的角色。当我们遇到困难的时候，老师总是能够用自己的见解为我们提供相对可靠的解决事情的方法；当我们想要放弃梦想的时候，老师总是能够站在我们身边为我们加油打气；当我们取得成功的时候，老师却往往只是会心一笑，继续着自己手头的工作。

这就是老师——帮助我们实现梦想的人。

心灵箴言

弘奖学术启文明，栽桃种李最多情。

——蔡元培

教师的职业是太阳底下最光辉的职业。

——[捷克] 夸美纽斯

热爱孩子是教师生活中最主要的东西。

——[苏联] 苏霍姆林斯基

在你成长的轨迹上奔波劳碌

故事话题

中国著名的数学家华罗庚这一生之中最感激的一位老师，就是他的启蒙恩师——王维克。王维克是中国著名的教育家、翻译家，师从居里夫人，是华罗庚初中的数学老师。

其实在初中读书的时候，华罗庚的数学成绩并不十分出色，可是王维克却发现，华罗庚虽然数学成绩并不理想，但他的思维非常独特且敏捷，在解题的时候，常常会用多种方法，甚至有很多是连老师都未必能够想到的解题思路，所以他认为，华罗庚一定是一个不可多得的数学天才，就下定决心要培养他。

华罗庚家境贫寒，没有能力去买更多的书，王维克就常常将华罗庚带回自己的家中，把所有的书都借给他看。因为遇到良师，华罗庚开始刻苦读书，并且越来越热爱数学这门课程。

有一次，王维克特意找来一本美国人著作的微积分教科书，这已经远远超过了当时华罗庚的数学课程。可是华罗庚随手翻了翻，就告诉王维克说：“给我 10 天时间，我看完立刻还给您。”

王维克则是提醒他说：“数学这门功课是最有步骤的，你不可跳着看啊。到时候我会提问题考你。”

10 天之后，他便带着这本微积分教科书来找王老师，他不仅将老师提出问的所有问题对答如流，甚至找到了一些书中印刷时候产生的错误。这些都让王维克感到无比的欣慰。

华罗庚初中毕业后，因为家境贫寒，生了病也没有钱去医院治疗，王维克听说之后，立刻拿出家中的积蓄给华罗庚的父亲，并且鼓励他，让他千万不要放弃自己。正是因为有了王维克的种种帮助，才让华罗庚能够有勇气继续奋斗下去。

当华罗庚成名之后，念念不忘的便是王维克老师，他常常说：“我能取得一些成就，全靠我的教师栽培。”在新中国成立之后，其中有一次华罗庚回到自己的初中金坛中学做报告的时候，他甚至特意将王维克老师请到主席台上，而在其他时候，他也同样陪伴在老师身边，希望能够借此表达自己内心的感激之情。

故事解析

每个人的成长轨迹都不甚相同，有些人相对平坦一些，有些人的奋斗路程却充满了艰辛和坎坷，但是无论我们在完成梦想的过程中遇到什么困难，又或者是在我们学习的过程中遇到什么样的难题，老师都会扮演着一个智者的形象。

就如同王维克之于华罗庚一样。尽管王维克只是华罗庚的初中数学老师，可是当他看出华罗庚并不像其他老师所讲那样，只是个成绩偏低的普通学生，他有着自己的解题思路，也有着自己的想法，这样的孩子恰好是学习数学的好苗子，便费心费力地培养他。

在华罗庚没有钱去购买太多辅导书的时候，他会用自己的积蓄给华罗庚买书；当华罗庚生活上遇到困难的时候，王维克便将华罗庚带回了自己的家中，给他补身体；当华罗庚生病时，王维克更是主动拿出钱来为学生治病。毫不夸张地说，王维克并不仅仅是华罗庚老师这样简单，他对华罗庚倾注了自己全部心血，并且为华罗庚的成长奔波忙碌。

尽管现如今随着生活水平的提高，很少有人还在温饱线上挣扎，很多学生也都通过网络掌握了更多的资讯，即便是在学习方面，也能够自主寻找到很多相关资料。但是，更多的时候，老师并不仅仅是传授知识，同样也要传授给学生做人的道理和智慧。

故事穿越

春秋时期伟大的思想家、政治家、儒家学派创始人孔子一生都致力于教育事业，弟子大约有 3000 余人。他是历史上第一个打破贵族教育的人，开创了私学教育的先河。但是后来的主角并非是孔子，而是他的一个弟子，名叫子贡。

子贡和孔子之间的感情非常深厚，而子贡尊敬老师的故事也成为历史上非常著名的典故。

有一次，鲁国一个士大夫在其他大臣面前贬低孔子，抬高子贡，想借此达到自己的目的。恰好子贡当时就坐在席间，他并不因为那个人夸奖了自己就给士大夫留面子，而是当众反驳了他的言论。他说：“如果每个人的才华就相当于是一座房子的话，那么恩师孔子的房子围墙就有十丈之高，屋子里富丽堂皇，一般人根本没有办法翻过围墙；而我子贡的房子围墙不过只有肩膀这样高，一眼就可以望过去。”

在场的人听闻之后，无不感慨孔子的学术造诣，同时也夸赞子贡尊师重道，唯有那个士大夫的脸色十分愧疚。

在孔子晚年的时候，子贡一直都在侍奉自己的这位老恩师，端茶倒水，就如同亲生子女一般孝顺。在孔子过世之后，子贡悲痛万分，甚至在孔子墓碑旁边住下，守孝整整 6 年的时间。

故事微语

子贡跟随孔子多年，常年照顾孔子的生活起居，而在年轻的时候，则是孔子为了子贡的前程来回奔波。尽管他们之间只是师生关系，可两个人的情感，却早已经超越了师生之间的界限。

曾经有人将老师比喻成树，一棵大树，每年都会有新的绿叶生长、发芽。随着时间，它们长大、成熟，然后会离开大树，飘向远方……无论树叶如何变化，这棵树依然屹立不倒，张开它的手臂，去迎接第二年的孩子。

每一年，都会有大风把树叶吹到很远很远的地方，那便是树叶的另一片天地，当然也会有一些树叶，记得这个给了他太多东西的树，偶尔的时候，这些树叶随着风回来看看，落下陪陪树，然后再随着另一阵风，去走自己的路。

其实，在每个老师的心中，都希望自己的学生能够寻找到自己的人生道路，能够成为对社会有用的人。而在学生心中，也都感谢老师对自己孜孜不倦地教诲。尤其是当我们走入社会之中，远离了没有烦恼的学生时代，才会真正感受到老师对于每一个学生的付出。

心灵箴言

教师之为教，不在全盘授予，而在相机诱导。

——叶圣陶

教师总是真正上帝的代言者，真正天国的引路人。

——[美] 杜威

不计辛勤一砚寒，桃熟流丹，李熟枝残，种花容易树人难。幽谷飞香不一般，诗满人间，画满人间，英才济济笑开颜。

——佚名

老师的奉献是不求回报的

故事话题

中国唐朝时期著名的鉴真和尚，是律宗南山宗传人，其中最著名的历史典故和贡献便是“鉴真东渡”，可以说他是日本佛教律宗的开山祖师。

鉴真一生之中都志在传播佛法，弟子无数，其中有几名弟子更是陪同鉴真经历了东渡的千难万险。当时有日本僧人来到中国，恰好就住在鉴真所在的扬州大明寺内，于是就找到鉴真，向他讲述了日本佛法的现状。

尽管当时日本已经有了佛法，可佛法并不健全，很多寺庙也没有剃度僧人的必要手续和授戒名僧，这就导致了佛法在日本境内并不普及，所以他们非常诚心地邀请鉴真去日本弘扬佛法。

鉴真想到当初在书上看到中国南岳慧思禅师转生为日本王子的传说，以及日本长屋王子非常崇尚佛法，亲赠袈裟给中国僧人的故事，又看到他们如此诚心诚意，于是决定用自己的力量推动佛法的传播。那一年，他已经 54 岁了。

当鉴真将想要去日本的意愿告诉给自己的弟子之后，很多弟子都提出了反对，其中弟子祥彦说道：“彼国太远，性命难存，沧海淼漫，百无一至。”意思就是说，从中国到达日本必须要坐船，在这大海之上，有太多看不到的危险，如果贸然前去日本，此行实在太过凶险。

其实祥彦的话并非是没有道理的，由于造船技术的局限和对季风规律掌握的不够，的确为此行增添了很多艰难险阻。从扬州穿越东海这条航线上，常常会发生船毁人亡的事故，在此之前，和尚道福、义向、圆载先后在遣唐和归途中被风涛吞没。

可是鉴真却表现出了一种大无畏的精神，他说道：“是为法事也，何惜身命？诸人不去，我即去耳。”意思就是说，为了弘扬佛法，我这条命算什么呢？你们可以不用去了，但我自己是一定要去的！

听到师父这番话，祥彦、思托等 21 人表示愿意同行。

故事解析

教师，是人类灵魂的工程师，同时也是不求回报的人类工程师。当他们站在三尺讲台上的时候，常常是不愿意浪费一分钟，恨不得将自己的所学全部都倾注给自己的学生。

曾经很多人都遇到过这样的情况，老师们都很喜欢拖堂，尤其是在高中时代，但是当我们抱怨老师像吸血鬼一样吸走了学生休息时间的同时，是否能够想到，老师之所以这样做，更是不愿意浪费每一分钟，想让学生能够多掌握一些知识。

在老师眼中，为学生传授知识，是自己的职责所在，并没有半点希望学生回报的心态，哪怕学生今后有了什么出息，作为老师，也只是替自己的学生感到自豪。这就是属于教师这个行业的奉献精神。

鉴真渴望传播佛法，可是他并没有要求自己的弟子必须和自己一起。当徒弟们提出此行太过危险的时候，他坚持着自己的信仰，可同时他也知道，弟子们的担心是有道理的，尽管他可以要求弟子们同去，可是他仍然没有这样做，而是完全尊重弟子们的选择。

正是因为如此，我们在感激老师的同时，更应该尊重他们的付出，因为只有这样，才是对一个老师应有的态度。

故事穿越

著名的作曲家、音乐人徐沛东创作过大量的音乐，比如大家耳熟能详的《亚洲雄风》《大地飞歌》《爱我中华》等等，现如今已经成为中国文学艺术界联合会副主席，中国音乐家协会党组书记、常务副主席的他，这一生最感激的人，便是一个并不出名的启蒙老师。

徐沛东自小就非常喜欢音乐，甚至到了痴迷的程度，每天什么都不做，就是在研究各种音乐。可是他家的经济条件有限，既没有办法给徐沛东请专门的老师来辅导，也没有办法给他买音乐器材。

可是徐沛东并不愿意放弃自己的音乐梦想，于是就自己想办法。当时正好有个歌舞团，他天天跑到那里去看人练习，一来二去，就认识了歌舞团一个拉大提琴的老师。

这名老师看徐沛东对音乐有如此大的热情，就决定让他先练习一下大提琴。之后，又听说徐沛东家里经济并不富裕，不仅不收学费，就连器材都是用大提琴老师本人的。就这样，徐沛东每天都骑着自行车，横跨两个区去找那个大提琴老师学习音乐。1970 年，徐沛东考入了福州军区歌舞团担任首席大提琴，从此打开了他的音乐道路。后来，徐沛东常常说，如果没有当时那位启蒙老师免费授课，就不会有现如今的音乐人徐沛东了。

故事微语

徐沛东之所以能够成为著名的音乐制作人，除了他自己的努力之外，和这位大提琴教师不计回报的付出是密不可分的。如果当初没有这位老师的付出，那么徐沛东的家庭根本就无法支付他学习音乐的任何费用，那么徐沛东也无法和音乐结下不解之缘。

可是当徐沛东成功之后，这位名不见经传的大提琴老师，除了内心感到无比骄傲之外，他的生活并没有因此而发生巨大改变，仍然是继续着属于自己的人生轨迹。这就是教师的荣誉。

有很多时候，我们常常会这样安慰自己，教师不过是一种职业，他们因为这份职业而赚取金钱，这似乎是一种相对平等的关系。可实际上，每一位教师对待学生的付出，真的是可以用金钱来衡量的吗？

答案当然是否定的。任何物质都是可以用金钱买来的，都是明码标价的，可是情感的付出和精神世界的培养，如何能够用物质去交换？如何能够用金钱来衡量？

请对教师这份职业心怀感激，因为他们的每一次指导都是在帮助我们完善自己的精神世界，因为他们每一次严厉的要求，都是在让我们更加清楚未来的方向。

心灵箴言

学校要求教师在他的本职工作上成为一种艺术家。

——[美] 爱因斯坦

使学生对教师尊敬的唯一源泉在于教师的德和才。

——[美] 爱因斯坦

一个好的教师，是一个懂得心理学和教育学的人。

——[苏联] 苏霍姆林斯基

要把学生造就成一种什么人，自己就应当是什么人。

——[俄] 车尔尼雪夫斯基

父母是孩子们的启蒙教师，孩子是母亲的一面镜子。

——李岫云

第二篇

接受指引，有老师就能找到行进的方向

如果问问所有的学生，对待老师这个职业的第一印象是什么，或许有一多半的孩子都会回答——严厉。如果问问所有的学生，认为老师这份职业的作用是什么，或许有一多半的孩子都会回答——教育。是的，老师之于学生，就是传授知识、引导方向、严格要求的化身，在人生的航线中，老师就是那个指引我们前进方向的指路明灯。所以，请重视老师的建议，因为他们，总是带领着我们一路前行。

在你的心灵播种阳光的种子

故事话题

19世纪美国女作家、教育家、慈善家、社会活动家海伦·凯勒自幼失去了听觉、视觉，因为她没有听觉，所以哪怕她能够发出声音，也不会说话。这是一个天大的不幸。可是，海伦·凯勒却遇到了一个改变她一生的老师——安妮·莎莉文·梅西。

莎莉文老师刚到海伦家里的时候，海伦已经被她的父母溺爱到没有任何规矩可言。因为在海伦年幼的记忆中，手里拎着行李箱的人往往都会带着糖果和玩具，所以她每次都跑过去，也不经过人家的许可，就去翻动行李。对待莎莉文也并不例外，可是这位老师却并不吃这一套，她将行李高高地举起，就是不让着海伦。如果不是海伦父亲的到来，两个人险些滚到地上去。

可以说，莎莉文留给海伦的第一印象并不好，甚至是非常糟糕，而海伦留给莎莉文的第一印象同样如此。海伦的父母非常担心这两个人在今后的日子里无法相处，可是莎莉文却并不担心，她相信，只要有关怀和耐心，海伦是会接受她的。

果然，莎莉文通过自己的耐心，让海伦一颗桀骜不驯的心灵也得到了

满足。当然，莎莉文的职责并不仅仅是要照顾海伦的生活起居，更重要的是要让她成为一个有用的人，她下定决心要让海伦学会运用语言来表达自己。这简直是一项不可能完成的任务，因为海伦没有一点听觉和视觉能力，她听不到、看不到，又如何能够学会语言呢？

莎莉文通过触觉让海伦了解自己所接触的和相关的单词，比如她将一个布娃娃放在海伦的手中，先让她确定这是什么东西，然后再在海伦的手心里写下 doll，这样海伦就知道洋娃娃的单词就是 doll。

但是这样也有一个问题，有很多东西是很难通过触觉来感受到的，就比如海伦常常将杯子和水弄混，因为每次莎莉文都是用杯子装满水让海伦去感受，所以就形成了错误的印象。为了让海伦弄清水和杯子的区别，莎莉文就将海伦带到了水井旁边，让海伦感受一下水流过手指的感觉，然后再在她手心里写下 water 这个单词，这下子，海伦终于弄清了。

正是通过莎莉文这样的教导，海伦最终终于学会运用语言表达自己，最终成为世界上著名的文学家、教育家。

故事解析

每个人都会在自己的人生旅途中遇到种种的困难，甚至会有感觉到绝望的时刻。往往在这个时候，亲人的陪伴和鼓励能够让我们收获到温暖，可是比收获温暖更重要的，便是有人能够给我们提出建议，告诉我们在这种时刻应该如何应对，而这个人就是我们的老师。

海伦·凯勒因为身体缺陷而被父母小心翼翼地保护起来，可也正是因为这样的溺爱，让原本就敏感的海伦变得更加蛮横。如果没有遇到家庭教师莎莉文，海伦只能是一个因为患病而残疾的可怜女孩；如果没有遇到家庭教师莎莉文，海伦或许永远无法获得日后的重生。而这一切，都是莎莉文老师带来的。

在这个绝望而黑暗的世界里，莎莉文就如同是海伦·凯勒的一缕阳光，让她感受到生命的真谛。

很多人都比海伦·凯勒要幸运许多，因为我们拥有健康的身体。可同样也会遇到各种各样的困难和坎坷，而此时，老师的一席肺腑之言，或许就能够让我们突破人生的黑暗。

故事穿越

中央电视台著名的节目主持人周涛曾经学过黄梅戏，而且学习黄梅戏的过程非常曲折。那时候周涛正在上高中，她最大的梦想是要考入新闻系或者是外国文学系，可是她的班主任却认为，周涛本身更具有艺术细胞，如果不加以培养就可惜了一棵“好苗子”。

于是，班主任就常常去找周涛的父母，希望他们也能支持周涛学习艺术。恰好在那个时候，有一个人介绍周涛的父母和安徽省黄梅戏剧院的高院长认识，周涛的父母就请求高院长，收下周涛学习黄梅戏。高院长并没有贸然同意，而是提出要先看看周涛，看看这个孩子是否真的适合学习。

结果没过几天，周涛的父母就带着她去合肥见了高院长。高院长一看周涛就感觉她是一个有灵性的孩子，试了试嗓子，条件也非常好，于是就决定收下这个小徒弟。

可当时周涛已经是高中的学生了，这个年龄才开始学习黄梅戏，就势必要比其他学艺的孩子付出更多的努力，而繁重的学业也并不能放松。所以在整个高中时期，周涛每周的时间安排都是：周一到周六在学校上课，周六夜里把作业写完，周日一早就要坐火车赶到合肥，然后再和高院长学习大半天的黄梅戏。

高院长对周涛不仅在艺术上要求尽善尽美，在生活中也非常照顾她，那个时候周涛还正在长身体的时候，所以高院长常常让自己的老伴儿给周涛做些好吃的，补补身体。

尽管后来周涛并没有成为专业的黄梅戏演员，而是选择并考上了中国传媒大学播音系，可是她仍然非常感激高院长，感谢他那段时间无私的栽培。

故事微语

在很多时候，我们常常都会为自己的未来而感到苦恼和困惑。这是任何一个人都会在成长道路上必经的经历，往往在这个时候，大多数人都会选择一个相对比较信任的人去沟通，或者是父母，或者是师长。父母对于子女往往无法做到真正的客观和理智，而师长给出的建议相对而言，会更加符合现状。

尽管周涛最终并没有走上黄梅戏的艺术道路，可这段时间的练习，仍然培养了她的身段和才华。任何一种付出都不会成为空白，都会变成人生的收获。或者这种收获并非是直接的，就如同周涛学习黄梅戏，尽管她没有成为专业的黄梅戏演员，但是她接触到了艺术的魅力，同时也更加坚定了自己学习新闻的决心。

在圆梦的道路上，我们会遇到各种困难，有很多时候，坚持成了最大的难题，甚至也有人曾经一度想要放弃。可是老师对我们的适度的鼓励，却成为我们力量的来源，让我们有了坚持下去的勇气。这就是希望的种子，在时间里成长。

心灵箴言

我以为好的先生不是教书，不是教学生，乃是教学生学。

——叶圣陶

一个无任何特色的教师，他教育的学生不会有任何特色。

——[苏联] 苏霍姆林斯基

在教师手里操着幼年人的命运，便操着民族和人类的命运。

——陶行知

成为以身作则的好表率

故事话题

毛泽东主席一生之中遇到过很多个老师，从私塾先生毛禹珠，到湖南省立第一师范学校时期的徐特立，他都非常尊敬。尽管私塾先生毛禹珠并没有教导过毛泽东特别长的时间，可是毛泽东依旧如此。

在1959年的6月，毛主席回到了自己阔别32年的故乡韶山，特意邀请了私塾老师毛禹珠一起吃饭。在饭桌上，毛主席端起一杯酒，想要敬自己的启蒙恩师。这个举动让毛禹珠老先生受宠若惊，连忙说道："主席敬酒，岂敢岂敢。"

而主席也连忙回答说："敬老敬贤，应该应该!"

如果说主席对待自己的启蒙恩师是尊重的话，那么对于徐特立，他更是倍加尊敬，因为在自己的成长过程中，徐特立给他带来的帮助是无法想象的。

徐特立对于自己的要求非常严格，对于自己认定的事情必然是坚定不移，而这些品质，不仅是毛泽东非常敬佩，同时也感染了他的许多的学生。这些学生日后都成为了祖国的栋梁之才。所以毛主席在信中曾经这样对徐特立说："你是我二十年前的先生，你现在仍然是我的先生，你将来必定还是我的先生。"

怡自

故事解析

恩师，并不仅仅是能够为我们传道授业之人，在很多时候，他们更是学生的榜样。每个老师都有自己的个性和脾气，也有对专业的坚持和态度，而这些，都是一些非常细节的处理方式。可是这一切，却在不经意间对学生产生了潜移默化的影响。

或许有很多人都有过这样的经历，当我们在学习的时候，会有很多小习惯，解题思路、逻辑思维，甚至包括对事物的种种看法，都和自己的老师非常类似，其实这就是老师在你内心中起到了榜样的作用。

榜样作用也能够分为很多种，小到对事物的看法、习惯思维，大到世界观、价值观和人生观。就如同徐特立对于毛主席的诸多影响，徐特立不仅仅是用丰富的知识让学生们对他十分尊敬，还有很多的品质上的影响，这些同样也是一种表率的作用、榜样的力量。

故事穿越

鲁迅同样是一个非常尊师重道的人，尤其是对他的启蒙老师寿镜吾。

寿镜吾在家中三味书屋设馆收徒，不过他却非常有原则，每一年只收8个学生。因为只有这样才能保证启发学生思路，提高文学修养，选授课文注重文采。不过因为这些都有异于传统的私塾，所以寿镜吾常常被人讥为“离经叛道”。

鲁迅非常崇拜寿镜吾，因为他为人正直，尚气节，崇礼义，生活俭朴，而这一切都成为鲁迅学习的榜样。尤其是寿镜吾非常清高，不愿意为了功名而折腰。为了表明自己的孤傲，特意在三味书屋后建立一个叫“自怡”的亭子，又在对面墙上，写了“寄傲”两字，以示傲然于世，自得其乐之意。

鲁迅在三味书屋学习了6年，寿镜吾的很多性格特点最终给鲁迅带来了不小的影响。后来，在他18岁的时候，鲁迅到南京读书，每次放假回到绍兴的时候，他都要去看望寿镜吾老先生。即便是后来他去日本留学的时候，也经常给寿镜吾老先生写信汇报自己在日本留学的学习情况，有时候遇到学习上的困惑的时候，他也会写信给寿镜吾征求意见。

尽管寿镜吾只做了鲁迅6年的老师，可是在鲁迅心中，他一直都将寿镜吾看成是自己终生的老师。

故事微语

一个好的老师，能够成为一个学生人生的偶像，更能够成为学生心中正能量的来源。有人曾经这样比喻过，学生就好比是一张白纸，父母是第一任老师，给孩子培养了很多生活习惯，而老师则能够在学业上给孩子培养出相关的思路和认知。

寿镜吾为人清高、孤傲，鲁迅在刚刚进入三味书屋的时候，正是对外界形成观念的年纪，而寿镜吾常常将自己的认知毫无保留地传授给了学生，久而久之，自然也就成为学生对外界的认知。

我们常常会感觉，在很多事情上，自己都形成了固定的认知，甚至已经成为了一种条件反射，可是这些究竟是在什么时候形成的呢？其实这些就是老师作为表率给我们带来的影响，或许这些影响在我们日常生活中都无法感受到，可是在某些特定时刻，就会感受到这种习惯的力量，以及它们对我们生活的影响。

心灵箴言

再高明的教师也无法让天生的笨蛋变成思想家，决不可能的。

——[德] 叔本华

教育者的关注和爱护在学生的心灵上会留下不可磨灭的印象。

——[苏联] 苏霍姆林斯基

教师决不可当着孩子的面，毫无顾忌地评论某些学生和教师。

——[苏联] 苏霍姆林斯基

我认为，对一切来说，只有热爱才是最好的教师，它远远胜过责任感。

——[美] 爱因斯坦

将长歪的小树及时扶正

故事话题

世界最具影响力的现代派画家巴勃罗•鲁伊斯•毕加索的启蒙老师并不是别人，而是他的父亲。毕加索从小就展现出非凡的艺术天赋，常常能够做出惟妙惟肖的剪纸，也能画出很多非常不错的画。所以他的左右邻居都称赞他是个“天才”。

可是等“天才”上学了之后，他才发现，和其他同学相比，自己不仅没有其他同学那样聪明，相反，他还是班级中最差劲的学生。因为每次上课的时候，毕加索就常常望着窗外发呆。老师找来毕加索的父亲，将他在课堂上的表现说了一遍，可是毕加索却对父亲说：“我很难将自己的注意力集中在这些数字上，不是我不够努力，而是我真的做不到。”

毕加索的父亲就问他：“那你更愿意做什么？”

毕加索就回答说：“我更喜欢画画。”

父亲就摸着毕加索的脑袋说道：“孩子，那就做你自己喜欢的吧。”

可是，毕加索却常常因为对数字不敏感，而成为同学的笑柄。甚至有学生会当着他的面嘲笑他说：“瞧你那个傻样子，除了能画几幅破画，你还能做什么？”

就连老师也常常将毕加索看成是班级中的最“无能”的小孩。可是面对这一切，毕加索的父亲却依然坚定地认为，毕加索是一个绘画天才，尽管他的父亲并没有学习过绘画，可是他花费很多精力和金钱为毕加索买来绘画用品。

正是因为有了父亲的鼓励，才让毕加索自信起来，并且将自己的心思都放在了研究绘画上。如果没有父亲这位启蒙老师在，或许毕加索这一生都只能成为别人嘲笑的对象，可是有了父亲作为强有力的支撑和教导，毕加索终于成为一代著名画家。

故事解析

对于老师的比喻，最为广泛的便是“园丁”。老师是园丁，学生们就是小树苗，园丁不仅仅要用养分和水分灌溉树苗，同时也要将小树苗长出来的旁枝及时剪去，让小树苗茁壮成长。

正所谓“金无足赤，人无完人。”我们每个人身上或多或少都会存在缺点，在我们学习的过程中，老师常常会指出这些错误，而这个过程就是在帮助学生们完善自我。

有很多人都认为，老师指正学生错误往往都是在学习方面，但其实更多的还是在于学生对世界、对知识、对他人的认知上。比如指正学生要端正自己的学习态度，其实就是在学生心中树立起一个正确的价值取向，让学生明白，人生之中最重要的是什么；比如让学生在学习的过程中不要马虎，就是让学生懂得，人生之中要重视需要重视的东西，不要因为态度上的偏差而造成失误。

如果没有园丁对于树苗的成长方向的修正，会有很多树苗放弃了纵向生长；如果没有老师对于学生的修正，那么学生就会在人生旅途中走不少弯路。这就是教师的作用。

故事穿越

被称为“克隆之父”的生物学家童第周在他很小的时候，遇到了一位好老师，这位好老师不仅帮助童第周洗脱了冤屈，同样还让童第周树立了自信。

那是童第周刚刚转入效实中学之后不久，因为他最开始只是在村子里上的学，所以在学习上无法跟上效实中学的进度，第一次考试，他的成绩是全班倒数第一。

很快，班上就传出童第周之所以成绩如此之差的各种版本传闻，有的说是因为童第周天生愚笨，有的说是因为童第周早恋而无心学习。

有一天晚上，陈老师办完事情回到学校，却发现在昏黄的路灯下站着一个小孩，结果走近了一看，竟然是童第周，他正抱着一本书在那里废寝忘食地学习。

“童第周，这么晚了，你怎么还不回宿舍休息呢？”陈老师连忙问道。

“老师，我不想得倒数第一名，我要努力学习，赶上进度。”童第周非常小声地回答道。

陈老师连忙将他赶回宿舍说：“这么小的孩子在那么暗的灯下看书，眼睛要看坏的，不如明天早点起，趁着天亮好好用功。”

可是等陈老师刚刚离开，童第周又回到了灯下继续看书。

第二天上课的时候，陈老师特意当着全班同学的面说道：“我知道最近有一些关于童第周同学无端的猜测，但我要告诉大家的是，那些都并不是真的，童第周同学是一个非常勤奋的好孩子，我希望你们不要带着有色眼镜去看待他，更不要因为那些流言蜚语去中伤他！”说完，陈老师环顾了下四周，听到仍然有同学窃窃私语，她立刻提高嗓音说道，“不错，童第周同学现在的成绩并不出色，但是一个人的能力并不仅仅是全靠一次考试成绩来判断的，要衡量一个人的知识和能力，最终要看他如何走完自己的奋斗之路！”

在陈老师的努力下，同学们也都改变了对童第周的偏见，大家相互帮助。在这一次的期末考

试中，童第周各科成绩都达到了70分，甚至有几门功课拿到了满分。后来，童第周更是凭借着优异的成绩考入了上海复旦大学，最终成为中国著名的生物学家。

童第周曾经无限感慨地说："在效实的两个'第一'，对我一生影响非常大。陈老师让我知道自己并不比别人笨，别人能做到的，我经过努力也一定能做到；世上没有天才，天才是用劳动换来的。"

故事微语

老师对学生的作用，分为很多种，有的是在学习方面的指导，有的则是在学生内心中的影响和帮助。

就如同陈老师对于童第周的帮助一样，作为从老家走进城市的童第周而言，学校里的一切都是如此的陌生，让他内心充满了惶恐不安，可是更让他感到难过的便是自己的学习成绩。因为地区差异，童第周的成绩自然是比不过那些生长在城市里的学生们，可同样因为成绩，别的同学在看待童第周的时候就戴上了有色眼镜，这些都让原本就内向的童第周更加缺乏自信。

如果没有陈老师为童第周正名，或许等待他的便是同学们的冷嘲热讽，即便他最终成绩提高了，可是成绩并不等于一个人的整个内心世界。在童第周的心中，仍然有一个充满了自卑的角落，这些都会影响到童第周今后的人生。

我们常常都会说，自信对于一个人的重要性，可以如何培养自己的自信呢？陈老师所做的就是帮助童第周在内心中建立属于自己的自信，让他能够自信地面对自己并不出色的成绩。

这一切，都是老师所能起到的作用。他们不仅仅承担着传授知识的责任，同时也需要给学生提供内心建设的帮助，只有这样才能称之为是一名好老师。

心灵箴言

教师的人格就是教育工作者的一切，只有健康的心灵才有健康的行为。

——[俄] 乌申斯基

没有比人生更艰难的艺术了，因为其他的艺术或学问，到处都有教师。

——[古罗马] 小塞涅卡

凡是教师缺乏爱的地方，无论品格还是智慧都不能充分地或自由地发展。

——[法] 卢梭

人生就是学校。在那里，与其说好的教师是幸福，不如说好的教师是不幸。

——[德] 海贝尔

当屹立的灯塔，指引你前行

故事话题

英国物理学家、化学家迈克尔•法拉第出生在一个贫困的铁匠家庭中，因为家境贫寒，他只上过小学。后来法拉第就到书商那里当学徒，在这个时期，他每天都如饥似渴地阅读着大量而广泛的书籍，直到他遇到了自己的老师戴维。

戴维是英国著名的化学家，有一次戴维正好做一个演讲，法拉第不仅非常认真地聆听，还将演讲内容全部记录并且整理下来。在反复阅读之后，法拉第将自己听完演讲的感悟写在记录旁边，并且将这些都给戴维寄了过去。

戴维看到这封信件之后，首先是被法拉第的精神所感动，当他再次看到法拉第写在演讲内容旁边的想法之后，他认为这个孩子将来一定会有一番出息，就回信问他，是否愿意来到自己身边做助手。

虽然表面上说是助手，但实际上，戴维是一个非常愿意分享的人。当法拉第来到戴维身边之后，便勤奋好学，这让戴维更加器重于他。1813年10月，戴维带着法拉第去欧洲其他国家进行科学交流和考察，尽管当时法拉第的身份只能是戴维的仆人，可是法拉第仍然非常珍惜这一次难得的机会，在这次学术活动中，法拉第学会了法语和意大利语，并且成功地和很多科学家建立了友谊。

在研究方面，法拉第也深深地受到了戴维的影响，常常是废寝忘食地工作，对待不同观点勤加思考。后来，法拉第发现了电磁感应，成为了一代物理学家。而他所获得的成就，和恩师戴维的提携是密不可分的。

故事解析

在每一个人心中，都拥有一个梦，这个梦或许是一种不切实际的幻想，或许是一个遥远而陌生的美梦，又或许最终会成为我们奋斗一生的目标。可是，正如同我们不能剥夺别人快乐的权利一样，我们也不能剥夺别人做梦的权利。

对于每个学生而言，梦想是遥远的，但同样也需要我们个人的努力，而老师就成为我们人生航线上的灯塔，为我们照亮未来的道路。

任何一个梦想的完成，都必须要有知识作为强大的后盾，传授给我们知识的正是这些辛勤的老师们；任何一个梦想的完成，都必须要有战胜种种困难的决心，而这些都是老师们教给我们做人的道理；任何一个梦想的实现，都必须要有持之以恒的信念，而这些恰恰是老师们给予我们的坚持。所以，不要忽视老师给予我们的力量。

故事穿越

有着“30 年代文学洛神”之称的著名女作家萧红，她一生之中最敬重的便是自己的伯乐鲁迅先生。萧红出生于黑龙江省呼兰县城内的一个地主家庭里，为了抗争自己的命运，萧红勇敢地逃离到北平，后来因为情感受挫而遇到了萧军。

在流亡的道路上，萧红遇到了鲁迅这个带有传奇色彩的文学大师。鲁迅对于后辈是非常爱护的，当他看到萧红和萧军夫妇的文字，立刻就觉得两个人的文学功底非常深厚，而且都是非常有思想的进步青年，就将萧红、萧军介绍给自己文学圈里的朋友，很快，他们的书籍得以出版。

可以说，萧红之所以能够走上文坛道路，都是因为鲁迅先生，在此之后，萧红也有很多作品，都事先要经过鲁迅先生的审阅和修改才拿去出版发行。

当然，鲁迅先生不仅在文学创作方面鼓励着这个敏感却坚韧的女子，在生活方面也给予了她很多的关怀和帮助。当时萧红和萧军之间发生了一些矛盾，导致萧红情绪异常低落，鲁迅先生告诫她：“不要将自己的全部情感都用在这上面，与其这时候伤心难过，倒不如走出去，开阔自己的眼界。”在鲁迅先生的建议下，萧红到日本留学，在临行前，鲁迅拖着病重的身体为萧红饯行，并且叮嘱她出门在外要多加小心。

让萧红想不到的是，这一次她和鲁迅先生竟然成了永别。可是萧红却始终记得，鲁迅先生告诉她，文人的笔有时候也能够成为武器。

故事微语

在鲁迅那个年代，他是很多年轻人心中的斗士，是革命的正能量；对于萧红而言，鲁迅已经不仅仅是她前进的目标，更是帮助她完成梦想的领路人。

如果没有鲁迅在写作上给予萧红的指点和帮助，那么萧红或许还只是那个空有着文字梦想的女大学生；如果没有鲁迅在情感上给予萧红指点迷津的建议，那么萧红或许还陷在和萧军情感漩涡之中无法自拔；如果没有鲁迅先生在斗争道路上给予萧红正确的方向，那么萧红的思想境地或许只能停留在反抗封建包办婚姻之上，却没有对人性的深刻剖析和认知。

这就是导师的力量！

导师，能够让我们认清人生前方的几条道路，能够让我们看到遥远却清晰的目标，能够照亮我们面前的征程。

心灵箴言

对美和崇高的追求是少儿的天性，这方面为教师和家长开辟了广阔的天地。

——[俄] 契诃夫

保持和培养每个学生的自尊心，取决于教师如何看待学生的个人学习成绩。

——[苏联] 苏霍姆林斯基

教师的职务是“千教万教，教人求真”；学生的职务是“千学万学，学做真人”。

——陶行知

教师个人的范例，对于青年人的心灵，是任何东西都不可能代替的最有用的阳光。

——[俄] 乌申斯基

充当伟大的职业引导师

故事话题

1987 版电视剧《红楼梦》一经播出便引起了巨大轰动，在创作之后的几十年时间里，竟然在各大电视台播出高达 700 余次，其中众多个经典角色也成为人们心中永恒的记忆。除了这些，电视剧中的主题曲和插曲也给人们留下了深刻的印象，演唱这些曲目的歌手名叫陈力。

陈力和《红楼梦》之间的缘分离不开一个人，这个人就是电视剧《红楼梦》配乐的作曲家王立平。当时的陈力还只是长春一汽公司的一名化验员，从小学习京剧的她，却没有接受过任何关于唱歌方面的训练，在一次无意间，王立平发现了她，认为她的嗓音非常适合演唱《红楼梦》，就邀请她入“红楼剧组”进行培训和主题歌的录制工作。

当时的她完全不懂唱歌的技巧，王立平为了让她达到影视的要求，一遍遍不厌其烦地为她示范。为了能够让陈力更加了解自己所唱曲目的内在，她同样被安排和“红楼剧组”其他演员接受相关的文化熏陶。

在筹备期间，陈力多次因为无法忍受王立平的严格要求而流下委屈的眼泪，可是在若干年之后，她终于明白当年王立平老师的良苦用心。正是在王立平老师的严格要求和悉心指导下，这一曲《枉凝眉》成为中国电视史上一首难以抹去记忆的经典旋律。

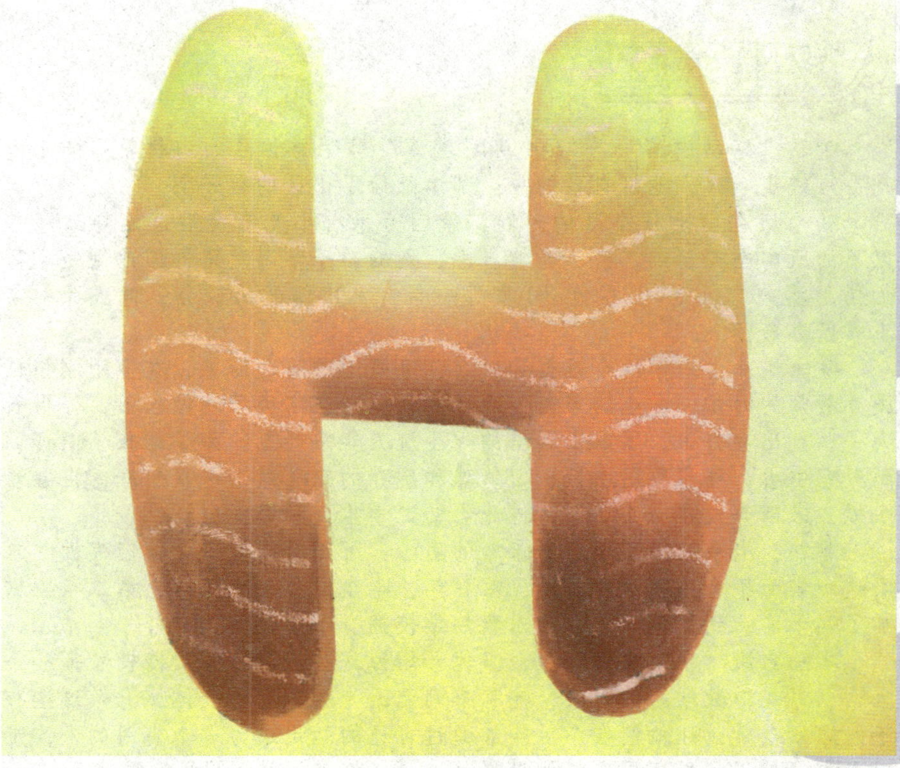

故事解析

任何一个人的成功，都不仅仅是个人力量的成果，有太多来自他人的帮助和指点，而这些都是老师赋予学生们的正能量。

一曲《枉凝眉》，不仅让中国电视观众记住了陈力的歌声，同时也改变了陈力的人生轨迹，让她从一个化验员走上了文艺道路，最终收获了属于自己的爱情和幸福的家庭。而这一切的成功，并不仅仅源自陈力个人的能力，同时还有王立平老师对他的帮助。

或许我们都有过这样的经历：当我们处在被老师严格要求的时候，内心总是会产生一些逆反心理，有的时候甚至会认为老师是故意刁难。但是当我们走过人生这段旅程，回首望去才发现，大多数人都会感激当年老师的严格要求，因为没有这样严格的标准，我们就无法收获成功的喜悦。

所以，不要埋怨老师太过严格，因为正是他们的严格，才能在我们人生道路上起到引导的作用。

故事穿越

荣获“感动中国”、“五一劳动奖章”等荣誉称号的山村教师陆永康是一名残疾老人，他将自己的一生都奉献给了山区的孩子们。

陆永康在出生9个月的时候，就因为患有小儿麻痹后遗症导致膝盖以下的肌肉全部萎缩。为了能够自立，别的孩子学习走路，而他则是学习如何用膝盖“行走”。在他20岁那一年，一次偶然的机会，他成为一名小学民办教师。

陆永康非常珍惜这个难得的机会，可是困难随之而来，在他刚刚担任民办教师的时候，学生的家长们更愿意让孩子在家里帮着做农活，等再长大一些就出去打工，所以山区里的学生流失非常严重。为了让孩子们都回到教室中去，陆永康用木板、旧篮球和废弃的轮胎做了一双船鞋，再拄着木棍，来回奔波在山头之间，借此去劝说学生回到课堂上。

起初，老乡们并不理解陆永康的用心，可是时间久了，他们都被陆永康这种锲而不舍的精神所打动，第一年，学生增加了十几名，第二年，增加了几十名，到了第三年，陆永康的学校拥有了150名学生。

当陆永康“站”在讲台上，当他开始为这些山区孩子们传授着每一个生词、每一道数学题的时候，他都感到无比光荣和欣慰，他愿意做这些孩子的启蒙老师，让他们在今后能够通过自己的知识成为一个有用的人，走出大山，见识到更高更广阔的世界。这一坚持就坚持了36年的时间。

2006年，陆永康的事迹感动了众人，他获得省五一劳动奖章，全国优秀共产党员称号，全国师德标兵称号。可这些荣誉并非是陆永康最希望看到的，他更希望看到他的学生们走出大山，成为国家栋梁。

故事微语

陆永康身患残疾，可尽管他身材矮小，在很多山村孩子心目中，他的形象却又如此高大，因为正是这个每天跪着上课的老师，成为改变他们人生轨迹的导师。

每个人这一生之中都会遇到改变自己人生轨迹、或者是为我们提供人生道路指导的恩师，正是他们的努力，才让我们的人生有了前进的方向。

如果没有陆永康的坚持，会有多少山区的学生最终成为失学儿童，可是因为陆永康，他们改变了自己的人生轨迹，甚至有很多人凭借着知识走出了大山，在城市安家落户，这就是老师带给学生们的改变。

对于很多学生而言，大学的导师作用相对要大很多，受到专业的影响，导师往往具备很多相关的专业知识，能够在很多时候给予我们中肯的建议，所以称呼他们为职业引导师实不为过。

在遇到困难的时候，多听听导师们的意见，因为这些都是他们人生经历之后沉淀下来的智慧，能够帮助学生们少走很多弯路，及早收获成功。

心灵箴言

教师必须具有健康的体魄，农人的身手，科学的头脑，艺术的兴味，改革社会的精神。

——陶行知

做老师的只要有一次向学生撒谎撒漏了底，就可能使他的全部教育成果从此为之毁灭。

——[法] 卢梭

先生不应该专教书，他的责任是教人做人；学生不应该专读书，他的责任是学习人生之道。

——陶行知

没有自我教育就没有真正的教育。这样一个信念在我们的教师集体的创造性劳动中起着重大的作用。

——[苏联] 苏霍姆林斯基

第三篇

多些理解，接受温暖也要传递温暖

对于教师这个职业，有很多人内心都是怀着非常复杂的心情。因为老师对学生们的严厉，导致很多人在学生时代提起老师心中总是恐惧大于敬重，直到我们结束了学生生涯，开始走入社会之后，才会懂得老师们的良苦用心。其实，当我们内心中充满了理解，自然就能够感受到来自恩师的温暖，这才是建立良好师生关系的前提。

记住老师的每一句告诫

故事话题

“四大天王”之一的刘德华曾经在自己的博客上撰写过一篇名为《感谢世上每一位老师，请加油》的文章，这篇文章一经发布，就引来广大网友的热议，当时刘德华又适时推出了自己的新歌《模范生》，其中是以老师的口吻写出了这个职业的种种心声。

其实刘德华在学生时代并不是一个好学生，他和很多当下年轻人一样，认为教室就是一个无形的监狱，老师们都是隐藏很深、非常严厉的“魔鬼”。他也曾和很多学生一样，因为在学校里犯错误被请家长，因此被母亲狠狠地教育了一番。

恰好那个时候，刘德华处于青春叛逆期，就和班上其他 6 个男同学组成了“七剑侠”，他笑称这也是当初男孩子看了太多武侠书导致的结果。时间长了，他们便开始学会了逃学、逃课，有时候在校外看到自己班上的同学被别人欺负，他们也会出于“行侠仗义”的念头去打抱不平，全然不顾及自己的方式是否正确。

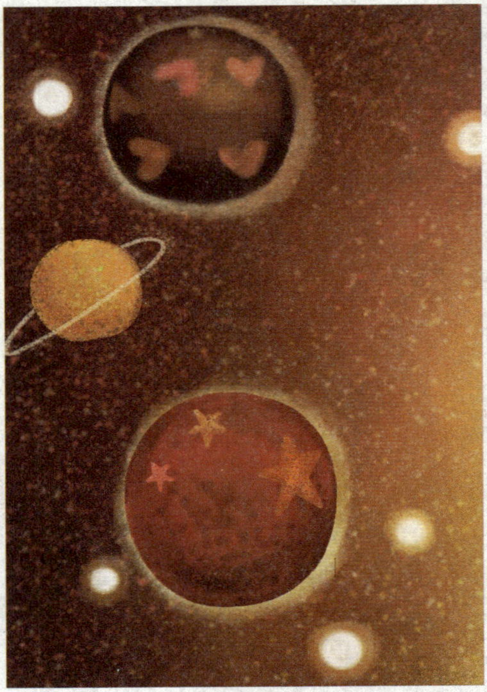

在“七剑侠”名声大震的时候，这几个学生却被反黑组警员召见，原来是可立中学的训导主任生怕这几个孩子学坏，和社会上不良青年走到一起，所以直接到警局去寻求警员的帮助。起初，刘德华心里非常怨恨老师，认为老师的这种做法严重伤害到了他们的名声，可是训导主任却义正言辞地批评了他，告诫他，如果不想被人误解，就好好学习，不要总想着用这种方式！

直到刘德华结束了自己的学生时代之后，才懂得教师这个职业赋予他们神圣的使命，他说：“没有老师，不会有《模范生》；没有老师，不会有今日的刘德华。”

故事解析

每个人在学生时代都会接受老师的教育，当然，这里所指的教育并非仅是指在学习方面，而是在做人、做事方面。有很多时候，我们都会陷入自己的固定思维之中无法走出来，所以就造成我们看待事物无法客观和全面，可是老师却能凭借着自己丰富的教学经验一眼就看出问题所在。

古人有云：“听君一席话，胜读十年书。”尽管很多人都认为这句话太过夸张，可是仔细想想，老师在指导学生、教育学生时候的谆谆教诲，甚至是在做人方面给予我们的告诫，这样的话语，是否要比十年书还要有用呢？

刘德华原本的行为并不是坏孩子的行为，甚至还有“助人为乐”的成分，可这种方法本身就是错误的，换言之，就是“以暴制暴”，如果不加以阻拦，很有可能会有一天因为没有掌握好度，最终触犯到法律。

训导主任之所以在这个时候给他们一次告诫，更主要的就是防患于未然。有很多时候，我们常常都觉得老师太过小题大做，甚至觉得他们是没事找事，可是当我们成人之后再回想起来，内心深处是不是会有所庆幸，幸好当时我的老师阻止了那个幼稚的我呢？

故事穿越

在抗日战争时期，著名教育家陶行知创建了山海工学团，将很多流亡的学生组织到了一起，进行学习。可当时环境有限、条件有限，他们没有学校，只能在破庙里进行教学，没有老师，每个老师就身兼数职，使出浑身解数，让学生们得到最好的教育。

尽管老师们想要为学生们创造出更好的教学环境来，可是没有课桌椅，学生们常常是席地而坐，甚至记笔记的时候都要趴在前面同学的背部，十分辛苦。

有一天，陶行知请来一个木匠师傅，但是他对木匠师傅说道：“我们来不光是请您来做工的，而是请您来做先生的。”

在当时，先生就是对教师的尊称，尽管木匠没有上过学，可是他仍然听得很明白，就非常奇怪地问：“我又不认识字，如何能做先生?”

陶行知笑着说道：“不不不，我才是负责教他们读书识字的先生，而您，是负责教会他们做木工的先生。”

木工同意了，可是学生们却非常不理解陶行知的用意，甚至有个学生抱怨道：“我们是来读书的，为什么要让我们学习木匠活儿?”

陶行知就回答道：“我有一首打油诗，来给大家读一读——‘人生两个宝，双手与大脑。用脑不用手，快要被打倒。用手不用脑，饭也吃不饱。手脑都会用，才算是开天辟地的大好佬。’现在局势非常复杂，我们要做好充分的心理准备，或许这场战争会持续很长时间，甚至明年的这个时候，我们是不是就要转移到另外的地方去，所以我要求同学们学会做木工，这样即便我们要逃亡到远方去，也可以到那里重新做出课桌椅来，而不是为了这些小事影响我们学习的热情。”

这名抱怨的同学听到陶行知的解释之后，立刻羞愧地低下了头。很快，学生们就掌握了做课桌椅的要领和诀窍，后来他们不仅学会了做课桌椅，甚至连很多教学用的仪器都是师生共同制作而成。这一切都给山海工学团带来了便利。

故事微语

作为一名学生，除了学业上的要求之外，我们还应该要求自己成为德智体美劳全面发展的有素质的人才，而非只是读书的机器。有很多时候，老师会在我们学习的过程中给予很多建设性的意见，而这些，都是经过岁月的沉淀，属于老师人生中的智慧。

曾经在网络上有一个热帖，很多网友都说出一些曾经不以为然，但事后却觉得非常有道理的话，其中有很多都是在课堂上，听老师所讲，可是当时自己并不认可老师们的告诫，最终要付出一些代价才能理解。

在我们一生之中，总会遇到很多挫折和坎坷，甚至是因为错误而导致我们要重新修正自己的人生旅途。可是，当老师运用自己的经验教训告诫我们的时候，不妨多听听他们的建议，毕竟他们才是“过来人”。

中国有句老话，“不听老人言，吃亏在眼前”。意思就是当我们遇到了一些事情的时候，多听听老人给予的意见，而老师的意见和告诫更是如此。所以，记住老师的每一句告诫，才能让我们真正少走弯路，以最快的速度去成就最好的人生。

心灵箴言

我们接受三种教育，一种来自父母，一种来自教师，另一种来自社会。

——[法] 孟德斯鸠

“良好的模范恳切的语言和真诚坦白的同情”，指家长、教师、同学及其他人的示范对儿童的影响。

——[捷克] 夸美纽斯

教是为了不需要教。就是说咱们当教师的人要引导他们，使他们能够自己学，自己学一辈子，学到老。

——叶圣陶

教师的爱是滴滴甘露，即使枯萎的心灵也能苏醒；教师的爱是融融春风，即使冰冻了的感情也会消融。

——巴特尔

珍惜因课堂产生的师生情

故事话题

陶行知作为中国非常著名的教育学家，不仅仅有着先进的教育理念，更是桃李满天下。他的学生大部分都成为新中国成立之后，建设祖国的先进人物。这些学生对陶老师充满着感情，甚至在若干年之后，仍然在怀念着这位对他们影响深远的好老师。这就是令人称赞的“师生情”。

有一次，一个叫高缨的学生听说书店来了一批好书，就很想去看看，可是他并不认识去书店的路，就想让陶老师和他一同前往。走到陶老师的办公室的时候，眼前的景象让他大吃一惊，原先在课堂上衣衫整齐的陶老师此刻正赤膊坐在窗前，汗水从他脸颊流了下来。

很快，陶老师就看到了他，于是问道：“高缨，你来找我有事情吗？是有什么问题不懂吗？”

高缨有些不好意思地说道：“是这样的，我听说书店来了一批新书，想去买几本当辅导书，可我不认识路，想请您和我一起去，顺便指导一下我如何挑选好书。”

陶行知听完之后，非常高兴，但是他却说道：“现在不成。”

高缨还以为是老师现在正在忙，自己影响到了他的工作，连忙说道：“如果老师您忙的话，那就算了吧。”尽管他这样说，可是口吻中却难以掩饰自己的失望之情。

陶行知知道高缨误会自己的意思了，就说：“我只有一件衬衣，刚刚洗了，所以现在我只能打赤膊，如果想要出门，还得再等一个小时。这样吧，你一个小时之后来找我，我们一起去。”

高缨点了点头，回到了宿舍，可是他并不认为陶老师所言属实，而是不愿意和他同行的借口，毕竟一个人怎么可能夏天只有一件衬衣呢？可是一个小时之后，陶行知果然来到他的宿舍，这时候高缨才知道，原来陶老师真的只有一件衬衣，他的其他衣服都送到了当铺，就为了维持整个学校的运作。从此之后，高缨非常敬佩陶行知，也非常珍惜和陶老师的每一次相处。

故事解析

人世间，有很多种美好的情感，亲情、友情、爱情，都让我们非常珍惜，因为这些情感会陪伴我们每个人一生，可是师生情却总是随着时间而让人淡忘。

我们都曾经有过这样的经历，当学生们准备离开学习了几年的学校和老师的时候，内心总是充满了不舍，甚至有很多学生会和自己喜欢的老师定下“一年回来看望一次”的约定，可是当时间久了，工作忙了，这种约定就变成内心中一种美好的愿望。而学生时代经历的种种也被尘封到记忆深处。

每个人的学生时代很短暂，就如同每个人的青春都很短暂，所以，在我们珍惜青春的时候，也要珍惜能够遇到的师生情谊。尽管这种情感会随着时间逐渐远去，却仍然能够牵动我们内心中最柔软的一个角落。因为这个角落里隐藏的并不仅仅是一段师生情分，还有很多关于青春的记忆。

故事穿越

很多人都知道著名的京剧大师梅兰芳先生，是“梅派”艺术的创始人。可是很多人不知道的是，梅兰芳先生不仅仅是位京剧大师，同时在绘画方面也很有天分，他学画的老师不是别人，正是著名的大画家齐白石先生。

齐白石先生虽然名气很高，可是生活却不富裕，有很多时候，他都因为穿着过于寒酸而被人误认为是一个穷酸的老者。有一次，梅兰芳应邀参加一个宴会，其中有很多人都是为了一睹梅兰芳的风采才来参加宴会，所以可想而知，当梅兰芳刚刚到达的时候，瞬间就成为宴会的焦点。

梅兰芳和周围的人客套着，突然间他的余光看到宴会的一个角落里坐着一个衣着寒酸的老者，他连忙拨开人群，快步走到老者面前，深深地鞠了一躬，恭敬地喊道：“老师。”

原来，这个衣着寒酸的人，正是齐白石。当时他也应邀参加了这次宴会，但是由于主办方招待不周，并没有为大家介绍这位就是大名鼎鼎的齐白石先生，所以很多人就忽略了他。可是梅兰芳却丝毫不在意这些，整个宴会，他都始终坐在齐白石左右，给他敬酒夹菜，照顾得非常周到。

后来，齐白石非常感动，就专门画了一幅《雪中送炭图》给梅兰芳，画作旁还有他的题字：“记得前朝享太平，布衣尊贵动公卿。如今沦落长安市，幸有梅郎识姓名。”

故事微语

纵观历史上很多成功人士，他们对于老师的态度永远都是恭敬的，这种恭敬和身份无关，和金钱无关，甚至和所处的环境都没有关系。他们对老师的尊敬，永远都是发自内心的。

在这个宴会上，梅兰芳是所有人关注的焦点，而齐白石当时只是坐在角落里落寞、寒酸的老者。在他人眼中，一个是浑身散发着太阳光芒似的名人，另一个则是别人眼中可有可无的影子。可是梅兰芳却并没有因此而感受到任何不舒适的感觉。

当我们走过自己的学生时代之后，或许也会成为某个领域中的强者，或许只是沧海一粟中的一员，过着普通而平凡的生活。可是不管我们的身份发生怎样的改变，那一份师生情都不会发生变化。

珍惜在学校的师生情，不仅仅是对我们青春岁月的一种缅怀，更是对自己的一种尊重，因为在这个时代，我们曾经付出过很多努力，老师为了教导我们付出了很多心血。

心灵箴言

教师是过去和未来之间的一个活的环节。它的事业，从表面来看虽然平凡，却是历史上最伟大的事业之一。

——[俄] 乌申斯基

要学生做的事，教职员躬亲共做；要学生学的知识，教职员躬亲共学；要学生守的规则，教职员躬亲共守。

——陶行知

教育者的个性、思想信念及其精神生活的财富，是一种能激发每个受教育者检点自己、反省自己和控制自己的力量。

——[苏联] 苏霍姆林斯基

不记恨冲突，理解老师的用心

故事话题

山村教师查文红用一生的奉献为为砀山教育事业无私奉献、默默耕耘、呕心沥血，做作出了突出贡献，她的事迹感动了整整一代人。

查文红出生于上海，却自愿来到安徽省砀山县曹庄镇魏庙小学做乡村教师。对于这样一个外来的志愿者，原本她以为给小学生当老师能有多难呢？可是她的第一堂课，就出了丑。

她刚到学校之后，校长就非常高兴地向学生们介绍这位来自上海的老师，可是让查文红没有想到的是，当她兴致勃勃地拿着教材和讲义走进教室之后，学生和家长都用一种异样的眼神看着她，然后就都走出了教室，留下来的仅有一半的学生。这让她非常诧异。原来学生家长非常担心这个来自上海的老师用普通话授课，学生们根本就听不懂，所以就走掉了。

第一堂课结束之后，一个女学生害羞地问道：“老师，狠狠还来吗？”

查文红听不懂，就问道：“狠狠是什么？”

学生瞪大了眼睛说：“狠狠，就是狠狠啊。”

后来查文红跑去问校长才懂得，原来“狠狠”是当地的土话，是“下午”的意思。查文红心里很是难过，尽管她知道现在的情况并不是学生和家长故意造成的局面，可是她却想到，如果学生们始终用家乡的土话进行教学，这些学生即便是成绩优秀，也无法走出大山，去和山外的人进行沟通。

于是，她重新拾起信心，不仅开始刻苦练习当地的土话，同时也积极地向当地的居民推广普通话。即便是在上课的时候，也是先用普通话讲一遍，再用当地土话“翻译”一遍。

在她的推动下，学生们开始学习普通话，和查文红的

关系也越来越好。有一天，查文红正在宿舍里休息，突然之间停电了。过了一会，她听到窗外传来一阵脚步声，她很害怕，担心是小偷，于是就拿起一根棍子走到门口，猛地打开门一看，却看到住在学校最近的 3 个学生，他们手里都拿着蜡烛。原来这些学生是在担心老师一个人害怕，就将过年时候才会用的蜡烛拿来给老师用。因为不知道老师是不是休息了，便没有直接敲门，而是站在窗口处观察了一下。

查文红看到学生们稚嫩的脸蛋和因为赶路而流下的汗水，内心充满了感动。

故事解析

曾经有人这样形容过学生和老师——老鼠和猫，似乎在学生的心中，都会对老师产生一种惧怕的情绪。这或许是因为老师平时会严格要求学生，如果学生犯了错误，老师更是会非常严厉地进行批评。所以在很多学生的心中，老师就是非常严厉的人。

但是我们却往往忽略了一点，老师同样也是人，也会犯错误，自身也存在着一些缺点。所以当老师们误解学生了，或者是和学生发生了一些矛盾，这种情况之下，有很多学生心中就会对老师产生一种不信任的感觉，甚至会严重到影响师生之间的感情。

就如同查文红刚刚到达山村，因为不了解学生和家长们的心理，也听不懂当地的土话而造成的误解。可是查文红却用自己的热情和真诚打动了这里的学生和家长，并且用出色的教学让学生们提高了自己的成绩，用实力证明了自己。

我们常常说，每个人都会犯错误，这并不能因为他的身份而发生改变，但是当学生和老师发生了矛盾和冲突之后，作为学生，首先要做的并非是去批判自己的老师，而是要去和老师解释清楚，让老师也充分意识到自己的错误。只有这样良性地沟通，才能成全没有心结的师生情谊。

故事穿越

在历史研究方面，有这样一种观点——“明朝亡于万历”。万历皇帝和他的老师张居正可以说是封建社会中非常典型，却最终出现纰漏的师生。非常典型，是因为在万历皇帝亲政之前，整个大明王朝都是被首辅张居正所把持，出现纰漏是万历皇帝最终对张居正的清算。

万历皇帝登基的时候，年仅 10 岁，是一个什么都不懂的小孩子，可是为了整个大明王朝，他的母亲李太后为他找来了最负责任的帝师张居正。为了培养出一个出色的皇帝，张居正对万历皇帝要求得非常严格，甚至到了苛刻的地步。

有一次元宵佳节，万历皇帝对张居正说，为了庆祝元宵佳节，不如让户部采买一些鞭炮、烟火。但是他刚刚和张居正说完之后，只见张居正脸色一沉，说道：“皇帝您还是要以国家为重，切勿玩物丧志。”

万历一听，又觉得先生说得很对，于是就不再提这种要求。在此之后的 10 年时间里，万历一直认为自己是生活在张居正的压制之下，所以在张居正过世之后，他立刻就翻脸无情，将矛头直指这位曾经对他恩重如山的老师。可以说，正是因为太过记恨老师的冲突，才导致了这样的悲剧。

故事微语

有很多人都曾经惋惜过张居正所主持的“万历新政”，因为在张居正主持朝政的短短10年中，大明王朝不仅仅一改往日入不敷出的窘境，更是创造了大量的财富。甚至有些史学家提出过这样的假设，如果“万历新政”没有被废除，那么大明王朝将会创造出怎样的辉煌呢？

但是历史从来不相信“如果”，可是换个角度看待这个问题，我们并不难发现，尽管万历贵为皇帝，张居正不过是他的臣子，可是这也确实是一段师生关系，只是中间发生了一些没有去调和的矛盾，最终导致了两败俱伤的结局。

在现实生活中，学生不可能会像万历那样拥有至高无上的权利，而老师也不会像张居正那样强硬和苛刻。不过我们仍然有可能要面临一些师生之间的冲突，与其内心纠结，倒不如换个角度去看待事情，或许就能够拥有一番海阔天空的心境。

老师也并非是圣人，他们也会有自己认知上的不足和偏差，这一点无可避免，当自己内心对某件事产生了不满的时候，或许沟通才是解决问题和矛盾的关键。再者，尝试着去理解老师，每个人都有各自不得已的苦衷，教师也不例外，他们同样是这个社会中的一员，也会有自己的社会关系。

所以，放松心情，不要总是记恨别人的不足，这样才能让自己真正快乐，才能让自己收获一段值得记忆的师生情谊。

心灵箴言

当教师把每一个学生都理解为他是一个具有个人特点的、具有自己的志向、自己的智慧和性格结构的人的时候，这样的理解才能有助于教师去热爱儿童和尊重儿童。

——[苏联] 赞科夫

奉劝年轻的教师和少先队辅导员：不要急于处罚学生，要好好想一想，是什么促使他犯这种或那种过失的。要是设身处地为孩子们想一想，那末就可相信他们会通过自身的努力来改正错误的。

——[苏联] 苏霍姆林斯基

儿童的心灵是敏感的，它是为着接受一切好的东西而敞开的。如果教师诱导儿童学习好榜样，鼓励仿效一切好的行为，那末，儿童身上的所有缺点就会没有痛苦和创伤地不觉得难受地逐渐消失。

——[苏联] 苏霍姆林斯基

老师也有伤心难过的时候

故事话题

国学大师梁启超一生之中桃李满天下，他最得意的学生便是著名诗人徐志摩，可是也正是徐志摩，让梁启超为他操碎了心。真正让老师操心的，并非是徐志摩的学业，而是徐志摩对于感情的态度，和对封建包办婚姻的挑战。

徐志摩的父亲徐申如为他安排的妻子就是张幼仪，尽管徐志摩并不喜欢张幼仪，可是为了遵循父母的意愿，他还是迎娶了张幼仪，并且和她生了两个孩子。

然而在后来，徐志摩遇到了林徽因和陆小曼，让徐志摩在内心深处更加坚定要反抗封建包办婚姻的决心。可是在民国时期，尽管有一部分文人思想开放，可大多数人的思想还禁锢在比较保守的封建思想中，一时之间，徐志摩因为林徽因和张幼仪离异，最终却和陆小曼走到一起的消息引起了众人的八卦。

自己最得意的学生，却成为别人八卦的对象，这让梁启超内心非常难过。他曾经写信给徐志摩，提出两点：一、“万不容以他人之苦痛，易自己之快乐”；二、“恋爱神圣……可遇而不可求……所梦想之神圣境界恐终不可得，徒以烦恼终其身已耳。”意思就是要徐志摩用慎重的态度去面对婚姻。

就连徐志摩和陆小曼的婚礼，老师梁启超也不顾徐志摩面子，大大教训了他一番，新人及满堂宾客无不失色。但只有徐志摩，面不改色，依旧是恭敬地听从着老师的教诲。

事后，梁启超也有很多朋友都过来询问，为什么在婚礼之上，做老师的仍然如此不给学生留面子，梁启超长叹口气表示，自己这也是爱之深，责之切啊。

故事解析

对于很多人而言，老师只是传道授业之人，但实际上，老师对于学生的情感中，也包含着长辈对晚辈的关怀。这种关怀体现在方方面面，有对学生前途的期望，有对学生未来的担忧，更有对学生名望的珍惜。

梁启超作为一代国学大师，他希望自己的学生能够在专业上有所建树，能够成为民族的骄傲，可是却并不希望看到徐志摩成为别人的笑柄。正是出于这样的心态，所以他在婚礼现场，仍然能够对徐志摩说出自己内心最真实的想法，说出自己对他的失望。

我们常说，希望越大，失望越大，情感越真，伤心越真。尽管梁启超只是徐志摩的老师，可是对于徐志摩此番做法，他仍然非常伤心。

老师也是人，同样具有喜怒哀乐，对待事情同样也有自己的看法。我们每个人都是一个独立的个体，可以自主选择自己的人生，可同样的，我们也活在别人期待的目光中，比如父母、比如恩师。所以在坚持自己选择的同时，也需要顾及到他们的想法，在意他们的感受。

故事穿越

鲁迅先生的一篇《为了忘却的纪念》，让很多人都记住了那个封建保守，甘愿为奴的北京女子师范大学的校长杨荫榆女士。可实际上，杨荫榆并非是一个真正甘愿为奴的人，她热衷于教育事业，希望能够建立一个相对单纯而平和的教学环境。

然而，她对大局势整体把控的失误，导致了“女师大学潮”，而她也被迫辞去了校长的职务。后来，她到苏州女子师范学校担任校长工作，可是“女师大学潮”的影响巨大，再加上鲁迅对她犀利的抨击，她在这里也无法继续工作下去。

尽管在教育事业中屡战屡败，可是杨荫榆依然没有放弃自己对教育事业的热情。她自掏腰包，利用私宅，在苏州盘门小新桥巷11号创办了女子补习学校——二乐女子学术社，自任社长，招收女生。

就是这样一个私塾性质的女子学校，在日军侵占苏州之后，也成了他们掠夺的目标，其中有几名女学生被日军带走，抢走了很多教学物资。为了保护自己的学生，杨荫榆孤身一人来到日本军营，用流利的日语斥责日本军官纵容部队奸淫掳掠，肆意违反国际公约。

日本军官以为杨荫榆是当地的大人物，就假意释放了女学生、归还物资。可是后来，日本兵竟然在夜间将杨荫榆残忍地杀害了。

故事微语

历史上关于杨荫榆的评价褒贬不一，有的人认为杨荫榆在“女师大学潮”的时候，表现出来的的确是一种政府走狗的姿态，不仅仅对其他持有不同观点的同事进行排挤，甚至采用武力对待自己的学生；也有人认为，杨荫榆在人生的最后关头，能够勇敢地站出来保护学生、保护教育物资，这本身就是一种大无畏的精神。

其实任何一个人都不仅仅是单纯的一面，而是一个立体的、有多面性的。作为一个老师，杨荫榆追求的是和平的教学环境，是希望看到学生们努力学习的积极向上，而不愿意看到学生参与到政治中去。

所以，当她因为“女师大学潮”而名誉扫地、声名狼藉的时候，她非常伤心，认为自己的想法没有得到别人的重视，更没有人愿意去了解她的苦心。

在这个世界上，每个人的内心世界都是极其丰富的，因此也会衍生出不同的情绪，即便是老师，也同样会被内心的情绪所影响到。人们最大的误解和最深的矛盾，就在于自以为足够了解对方。所以，在和老师相处的时候，多沟通，多重视，多感受，只有这样，才能让学生和老师之间搭建出一座畅通无阻的心灵之桥。

心灵箴言

教育中要防止两种不同的倾向：一种是将教与学的界限完全泯除，否定了教师主导作用的错误倾向；另一种是只管教，不问学生兴趣，不注重学生所提出问题的错误倾向。前一种倾向必然是无计划，随着生活打滚；后一种倾向必然把学生灌输成烧鸭。

——陶行知

道德教育最简单的要素是“爱”，是儿童对母亲的爱，对人们积极的爱。这种儿童道德教育的基础，应在家庭中奠定。儿童对母亲的爱是从母亲对婴儿的热爱及其满足于身体生长需要的基础上产生的。进一步巩固和发展这一要素，则有待于学校教育。教师对儿童也应当具有父子般的爱，并把学校融化于大家庭之中。

——[瑞士] 裴斯泰洛齐

我们读书时，是别人在代替我们思想，我们只不过重复他的思想活动的过程而已，犹如儿童启蒙习字时，用笔按照教师以铅笔所写的笔画依样画葫芦一般。我们的思想活动在读书时被免除了一大部分。因此，我们暂不自行思索而拿书来读时，会觉得很轻松，然而在读书时，我们的头脑实际上成为别人思想的运动场了。所以，读书愈多，或整天沉浸读书的人，虽然可借以休养精神，但他的思维能力必将渐次丧失，此犹如时常骑马的人步行能力必定较差，道理相同。

——[德] 叔本华

别将老师的关爱浪费掉

故事话题

有很多事情，直到失去之后，才知道原来竟然如此珍贵。

2005 年 3 月 31 日，在江苏金坛虹桥小学门口发生了这样的一幕。那一天，这所学校正好组织一二年级的学生外出看电影，在临行前，殷雪梅老师反复叮嘱学生们，在学校外要注意安全。

当殷雪梅和另一名老师护送学生过马路的时候，他们先看了看道路的两边，确定没有车辆之后，便带着队伍穿越马路。

可没想到的是，队伍刚刚走到一半，有一辆白色汽车飞速开了过来，甚至连半点减速的意思都没有。

就在这千钧一发之际，殷雪梅迅速伸开双臂，将几个学生推到了路边，而她自己却被车子撞飞出几米远，倒在血泊里……

就这样，为了保护学生，殷雪梅献出了自己宝贵的生命。有很多她曾经教过的学生纷纷赶回来参加这位启蒙老师的追悼会，甚至有些学生还表示，原本还想等着教师节的时候，回来看望老师，没想到的是，老师竟然就这样离开了他们。

故事解析

在上学的时候，我们常常会认为自己还有很多时间可以和老师相处，少则 3 年，多则 6 年，可时光却似乎总是不经意间就溜走了，转眼之间，刚刚走进校园的我们，就要走出校园，踏上新的征途。

和老师相处的时间其实非常有限，每一次能够和老师敞开心扉进行沟通的时候，请不要胆怯，也不要害羞，勇敢地告诉老师自己内心中真实的想法。

老师的关爱，就如同一个次数有限的卡片，可使用的人却丝毫没有注意到这张卡片是有有效期的。所以不要轻易浪费掉老师对学生的关爱，也不要认为今后总会有时间来弥补。珍惜当下，活在眼前，即便对方是我们的老师，也要学会珍惜和感恩。

故事穿越

2012 年“5·12 地震”之中，有一个叫谭千秋的老师感动了整个中华民族。

在地震发生的时候，谭千秋在教室里给学生们上课，突然他感觉到教室开始剧烈地晃动起来。学生们都被这突如其来的状况吓住了，谭千秋立刻意识到，这是地震，于是他大声喊道：“同学们快跑，什么都不要拿！快跑！去操场！”

听从着老师的口令，学生们连忙冲出教室，往操场跑去。可是房子晃动得越来越严重，除了谭千秋之外，还有 4 名学生没有来得及跑出去。眼看着天花板就要掉下来了，就在这关键时刻，谭千秋一把将 4 名学生塞进课桌下面，而自己则是弓着身子，双手撑在课桌上……

当救援队伍赶到现场的时候，眼前已经是一片废墟，他们掘开废墟，寻找着生命的踪迹。终于他们找到了谭千秋，可是这位年轻的老师已经献出了自己宝贵的生命，而他拼死保护的 4 名学生全部生还。

为了表彰谭千秋老师的英勇事迹，一位海外华人捐助了一座雕像，正是谭千秋用自己的身躯保护着学生们的样子。在雕像背后，用英文写着一首小诗，“保佑孩子们，让他们在世界上获得保护，让他们拥有春天”。

故事微语

人生之中总是充满了诸多的不确定因素，正是这些因素让我们的人生充满了无限可能。谭千秋和他的学生们都不会意识到，一场意外竟然剥夺了师生之间相处的机会。而这一次谭千秋保护学生们的举动，是他作为老师的最后一次奉献。

尽管这种灾难并不是常态，可是却告诉我们一个最简单的道理，任何一种情感、任何一种交流，都需要我们倍加珍惜。

珍惜和老师的相处时间，珍惜老师对学生的关爱。这种关爱是我们人生之中的温暖源泉，更是老师对学生、对社会的奉献。

正是他们，让知识在人类社会中传承和发展；正是他们，成全了学生们的梦想。珍惜这段师生情，不仅仅是珍惜一段情感，珍惜一种温暖，更是对自己、对教师的尊重。

心灵箴言

圣人无常师。

——韩愈

务学不如务求师。

——扬雄

经师易遇，人师难遇。

——司马光

教师是人类灵魂的工程师

——[苏联] 斯大林

春蚕到死丝方尽，蜡炬成灰泪始干。

——李商隐

第四篇

不负重望，报答之余也成就自己

每个人的成长道路上都要经历很多个阶段——无忧无虑的童年时代、学业繁重的青少年时代、为了未来积累能量的莘莘学子时代、为了梦想努力拼搏的青年时代，以及最终收获人生果实的成熟时代。在这些岁月中，始终陪伴我们、关怀我们、给予我们能量的，除了父母，还有一个角色，便是恩师。收获人生的胜利，不仅仅是为了恩师脸上灿烂的笑容，更是为了成全自我的梦想。

用行动告诉老师：我长大了

故事话题

汉明帝刘庄是光武帝刘秀的第四个儿子，也是东汉王朝的第二位皇帝，对内，他大力提倡儒学治国，重视百姓安乐；对外，他派遣窦固征伐北匈奴、班超出使西域，努力维持着安定的环境。

刘庄有一个非常尊敬的老师名叫恒荣，师生关系非常融洽。恒荣非常重视对刘庄的培养，每日都会进宫教学，甚至在生病期间，他也是坚持带病上课。

有一次，恒荣生了重病，他十分担心自己无法再为太子（当时的刘庄还只是太子）效命，就找来自己最为信任的弟子，希望他能够接替自己的工作。可是太子每日都到恒荣的房间来看望老师。为了让恒荣安心养病，他特意告诉恒荣，千万不要担心自己家眷的生活，只要太子活着一天，就会力保他们的生活。

后来，恒荣大病痊愈，根本就顾不上再多休息几日，就着急给刘庄上课。

当刘庄继位，成为汉明帝之后，他同样对自己的老师十分尊重，即便是当着文武百官，他仍然会对恒荣行学生礼仪，这在中国古代历史上是十分罕见的。

因为有了恒荣的教导，刘庄以一颗仁爱之心治理着国家，出现了繁荣的盛世局面，历史上将汉明帝和汉章帝统治的这段时期称为“明章之治”。

故事解析

老师为了学生奉献出自己的全部心血和精力，无非就是希望能够让学生在某些方面有所建树。

恒荣对于刘庄如此用心地教导，并非是希望能够收获荣华富贵，而是希望自己的学生，也就是太子殿下在继位之后，能够成为天下仁君，造福百姓。刘庄非常清楚老师内心所想，也明白这些都是作为一个皇帝应该所要承担的责任。最终，他凭借着自己数十年的努力，用自己的功绩向老师展现出，自己作为一代帝王的胸襟和气度。

当我们还处于年少轻狂的阶段，常常会做出一些让人哭笑不得的“蠢事”，甚至常常会因此而被老师责罚。但是随着时间的流逝，内心的成熟，每个人的心态也都会发生种种改变，有人管这种改变叫“成长”。

有很多人都认为，成长是一个非常抽象的词汇，但实际上，成长能够展现在很多细节之处。对于一个学生而言，从态度到认知，从学习方法到做人原则，这些都能够让别人感受到。而这些细节上的成长，对于老师而言，却是无比的安慰。

故事穿越

电影《美丽的大脚》讲述了一个志愿者和一个山村教师为了学生奉献一切的感人故事。

志愿者夏雨因为不愿意做个庸俗的阔太太而做了一名志愿者，来到西部某个村庄小学支教，这所学校里只有一名老师张美丽。因为夏雨的到来，张美丽和同学们都感到非常新奇，他们纷纷拿出质朴的欢迎方式来迎接这个美丽的女老师。

很快，夏雨便感觉出来，学校里的学生们虽然刻苦读书，但是因为没有见识到外面的世界，内心中根本就没有什么远大的理想。为了改变这一切，夏雨决定说服村支书为学生们购买电脑。

可是村支书也是囊中羞涩，村里的财政状况非常差。张美丽便带着夏雨找到村里最有钱的人家，恳请这名村民捐献一台电脑给学校。村民故意刁难她，便说如果能够一口气喝下一瓶白酒，就捐献一台电脑。为了学生，张美丽果然这样做了。

可是学生们并不能够理解张美丽的良苦用心，他们仍然活在自己脑海中的世界里，甚至有的学生萌生了想要退学，回家务农娶媳妇的念头。

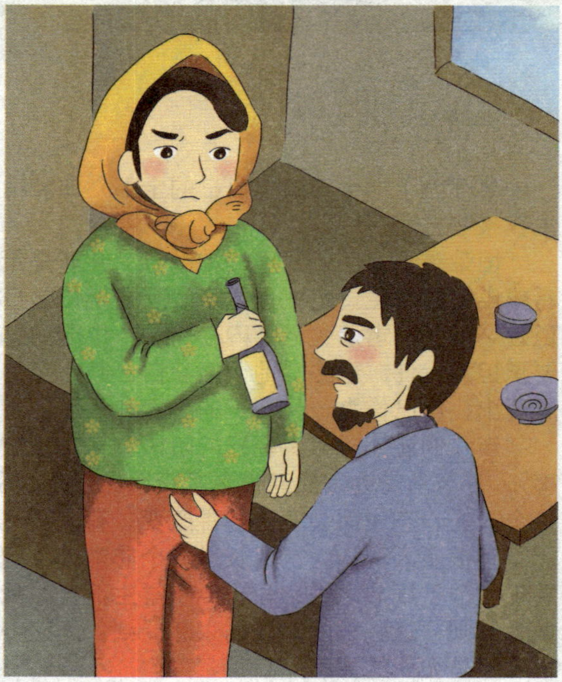

一次偶然的机会，夏雨决定带着张美丽和几名学生代表去北京，看看大城市，让他们感受到现代化生活，想要激励学生们的斗志，顺便也为了西部山村的土豆谋求一个好的发展机会。

在大城市里，这些穷苦孩子们终于意识到，做人必须要有志气、有骨气、有目标，才能赢得别人的尊重。回到山村之后，学生们都端正了自己的学习态度，有了人生目标……

故事微语

电影《美丽的大脚》为人们展现出一幅非常朴实的西部画卷和一个感人至深的故事，张美丽为了将这些学生培养成人，付出了很多艰辛，支教老师夏雨尽管最初并不能理解张美丽的种种做法，甚至根本就瞧不上这个只认识些许字就当老师的女人，可是经过很多事情，她们最终了解了彼此。

但是更重要的是，正是通过她们的努力，才使学生们的心中树立起了一个目标，让学生们明白学习的重要性，让这些学生通过一次“北京之行”真正地成长起来。而这些学生们也通过端正态度，让两位老师看到了自己的成长。

每个人都需要有一个成长过程，而这个成长势必就是完善自我、强大内心的过程，对于老师而言，学生每一点进步，都是足以让他们感到欣慰和满足的。或许我们曾经幼稚过，或许我们曾经顽劣过，或许我们曾经年少轻狂过，这些都不要紧，请让老师们感觉到我们在一天天地成长，让他们的努力有了回报。

有很多人都认为，老师对于学生的期望不过就是一份成绩单，或者是最后的功成名就，但老师心目中最大的安慰并非如此，而是能够亲眼看着学生们一步步成长起来，从一个年幼无知的小孩，成长为一个有梦想、有追求的青少年。这才是对老师最好的回报。

心灵箴言

举世不师，故道益离。

——柳宗元

一日为师，终身为父。

——关汉卿

古之圣王，未有不尊师者也。

——吕不韦

学者必求师，从师不可不谨也。

——程颐

不论道路多艰难都会坚强走下去

故事话题

美国棒球运动员里基·亨利在很小的时候，就有一个很远大的梦想——要成为一名出色的棒球运动员。为了这个梦想，他跟随自己的教练奥利·贾维斯刻苦练习，在16岁的时候就已经非常出色了。

可是没过多久，贾维斯发现亨利在每日训练的时候总是心不在焉，仿佛有什么心事似的。于是贾维斯就找到了亨利，询问他最近是不是遇到了什么事情。

亨利回答说，他想离开棒球社。因为他的朋友帮他找了一份兼职的工作，每天晚上去打工，可以赚到钱。原来亨利的家庭经济非常困难，他希望能够用打工赚来的钱贴补家用。

贾维斯非常生气，大声喊道："你将来可以用一辈子的时间去打工，可是作为运动员，你的黄金时间能有多少？你能浪费多少？难道你忘记自己想要成为棒球运动员的梦想了吗？"

亨利低下头，然后小声说道："我还想自己攒钱给妈妈买一栋房子，让她不用再被房东赶走。"

贾维斯自然知道亨利的家庭状况，他长叹口气，问道："你去打工一小时能有多少酬劳？"

"3.25美金。"亨利小声回答道。

"亨利，你听好了，你的梦想可不止这点钱！"贾维斯说道，"如果你现在就去打零工，将来你只能做一个打工者，一个月能有多少薪水？可是你继续棒球训练，很有可能成为新一代棒球明星，那时候你的身价会有多少？"

贾维斯耐心地给亨利分析起棒球运动员和打零工未来的前景，让亨利明白目光长远和眼前得失之间的差别，终于让亨利坚持了下来。

几年的时间过去了，亨利最终成为"全美橄榄球后卫"，1984年，里基·亨利与野马队签订了170万美元的协议，终于圆了为妈妈买一所房子的梦想。

故事解析

如果没有教练对亨利的一番指导，如果没有教练的坚持，或许亨利的人生轨迹就此改变，他永远都无法成为棒球明星，只能做一个普普通通的打工者。可是教练的一番话，让他明白坚持梦想、树立长远目标的重要性。

老师不仅仅是支持我们梦想的人，更是帮助我们实现梦想的人。在我们产生退缩心理的时候，老师成为我们坚强的后盾，给予我们无穷的动力。

纵观历史就不难发现，有很多成功人士，在他们追求梦想的道路上，老师的作用是非常重要的。他们传授给学生们知识和本领，让他们对自己充满自信，甚至帮助学生如何应对各种困难和坎坷。

所以，当我们遇到困难想要退缩的时候，多想想老师曾经对学生们的付出；当我们身心疲倦产生逃避心理的时候，请想想老师的谆谆教诲。对于很多人而言，坚持本身就是一种生活态度，就是对老师的回馈。

故事穿越

曾经风靡一时的动画片《灌篮高手》中，安西教练和三井寿、流川枫、樱木花道等几个主要角色之间的师生情也曾打动过很多人，尤其是安西教练对三井寿的教导。

三井寿是一名非常出色的篮球手，在县篮球总决赛上，球队曾一度落后对手，三井寿的坚持受到安西教练的鼓舞，带领武石中学夺得县大赛冠军并获得 MVP 称号。但是好景不长，后来他在训练中腿伤复发。在正式比赛的时候，他不能上场，只能独自撑着拐杖站在看台上观看球队的比赛，极强的自尊心以及失去荣耀的落差感使得他悲伤地告别了篮球与赛场。

篮球梦想的破灭，让三井寿一度颓废下去，并且和社会上不良少年为伍，用这种方式来掩盖内心的脆弱和倔强。有一天，他因为和湘北高中篮球队的宫城良田发生冲突，就带着很多人去篮球馆闹事。就在这个时候，他看到了鼓励他不要放弃的安西教练。

看到安西教练那充满了力量的眼神，三井寿终于勇敢面对自己的内心，对他说出自己的肺腑之言：“教练，我想打篮球……”

在安西教练的鼓励下，在队员们的配合和帮助下，三井寿终于找到了曾经在球场上的自信，继续为自己的篮球梦想而努力着。

故事微语

我们每个人都有着属于自己的梦想和追求，可是在我们追寻梦想的过程中，总会遇到各种各样的困难，甚至有些困难能够让我们迫不得已地选择放弃。可在这个时候，真正支持我们的老师始终都会用他特有的方式表现出对学生们的鼓励。

三井寿因为受伤而在内心产生了强烈的挫败感，他无法平衡这种心态，于是决定就此远离篮球。可是他的内心深处真的就放弃了吗？当然不是，他只是用颓废的方式逼迫自己远离而已。

安西教练非常清楚他内心的想法，尽管他没有直接去找到三井寿，但是当三井寿愿意回归的时候，他用自己的胸怀敞开了湘北篮球队的大门，用自己的鼓舞为三井寿提供了一个梦想的平台。

在追梦的道路上，任何一种方式的鼓励，都能够让我们倍感温暖，正是因为这些，我们才能够在困难和艰辛面前支撑下去。这就是恩师的重量。

心灵箴言

为学莫重于尊师。

——谭嗣同

学贵得师，亦贵得友。

——唐甄

古之学者必严其师，师严然后道尊。

——欧阳修

无贵无贱，无长无少，道之所存，师之所存也。

——韩愈

勇敢地追求自己的梦想

故事话题

电影《死亡诗社》讲述的便是一个老师鼓励自己学生勇敢追求梦想的故事。

威尔顿预科学院向来都是以比较保守、传统的方式授课教育学生，在这里，学生们大多数都是贵族子弟，或者是上流社会的孩子，也就是现在所说的“官二代”“富二代”“星二代”们，所以学校非常注重培养学生们的礼仪、素养。

然而新来的文学老师基廷却一改往日的教学方法，他充分调动起学生们的自主积极性，让他们解放思想，发挥专长，尤其是非常重视学生们自己的兴趣爱好。在当时，学校明文规定，不允许学生们成立各种社团。但是基廷却带领学生们成立了一个秘密小组——死亡诗社。这个诗社的主要活动内容，就是在校外的山洞里探讨人生、诗歌、哲学。

学生们很少有这样畅所欲言的机会，所以都非常感兴趣。然而，校方却发现了死亡诗社的存在，他们极力反对基廷老师的做法。就在这个时候，一个非常热爱表演的学生尼尔因为家庭的阻挠感到绝望，自杀身亡。因为尼尔的父亲身份尊贵，校方借此将所有责任都推给了基廷老师，并且将他赶出了学校。

当基廷老师准备离开学校的时候，所有的学生都站在课桌上，用死亡诗社的仪式为他送行，借此向老师提出学生们心目中坚定梦想的信念。

故事解析

学生时代的梦想总是让人感到天马行空，充满了想象的空间，可这些梦想在很多成熟人眼中是可笑而不切实际的。或许当人们走过了自己的学生时代，或许也会向成年人一样，将梦想和现实结合到一起，成为生活的目标。但在青春时期，每一个梦想都值得人们尊重。

基廷老师是这所保守学院中一个独特的存在，在传统的卫道士眼中，基廷的所作所为无疑是在耽误学生的前途，可事实上，没有人比他更懂得梦想的力量。

青春时期的梦想，更加单纯，他们不会认为梦想就一定能够带来财富和地位，只是出于喜欢。可正是这种喜欢，能够激发出人们内心深处的无穷潜力。一个好的老师，就是挖掘这种潜力的高手，遇到一个好的老师，能够让学生更容易找到人生的方向。

我们不难想象，尼尔因为绝望最终选择自杀，对基廷老师而言是多么巨大的打击，可是在影片的结尾，这个班级的学生依然愿意用自己的方式告诉老师，我们仍然在坚持着自己的信念，这又是多么大的安慰。

故事穿越

商朝末年，西部诸侯国中，周文王内心信奉以德治人的治国方针，推行仁政。他心目中最大的梦想就是想要建立一个国富民强的国家，成为一代明君。为了完成这个梦想，他希望能够招揽贤臣，其中姜子牙就是他心中最好的人选。

为了能够请姜子牙出山，周文王选定吉期，斋戒熏香沐浴，极其诚挚地亲自率众到磻溪去邀请姜子牙。他非常诚心地询问了姜子牙，想要治理好国家需要什么条件，而姜子牙也是对答如流。

除了要拥有济世爱民的胸怀，要有济世安民的志向，还需要培养非常合适的接班人，让这个梦想得以延续。周文王听完之后，便请姜子牙与他同车而归，后封姜子牙为丞相，请他当自己的老师，向他请教治国安民的方略。

在周文王临终前，他找来自己的儿子周武王，将武王托福给姜子牙，让他继续完成让西周富强的梦想。并且叮嘱武王说："以父事丞相，早晚听训指教。可请丞相坐而拜之。"

在姜子牙的辅佐和教育下，周武王励精图治，讨伐商纣王朝，最终得以一统天下，开辟了治国兴邦的正道。

故事微语

姜子牙是周文王、周武王这对父子的老师，他们有一个共同的梦想，就是强大西周，让西周成为一个国富民强的国家。武王即位之后，他身上肩负的责任并不仅仅是对父亲的承诺，更是承担着老师的期望。

对于每一个老师而言，他们同样年轻过，同样也有过梦想，而学生们的梦想就是他们梦想的延续，也是他们青春的延续。

能够坚持梦想，并且最终实现梦想，不仅仅是一个人对自己人生最完美的诠释，更是对他人付出的最好回报。在我们追梦的途中，老师教给学生们知识、帮助学生们建立自信，这些都是成就梦想必须拥有的能力。

为了回报老师对我们的付出，请坚持自己的梦想，让自己的人生具有意义。

心灵箴言

三人行必有我师焉；择其善者而从之者，其不善者而改之。

——孔子

人非生而知之，孰能无惑？惑而不从师，其为惑也，终不解矣。

——韩愈

我所遇见的每一个人，或多或少都是我的老师，因为我从他们身上学到了东西。

——[美] 爱默生

与其找糊涂导师，倒不如自己走，可以省却寻觅的功夫，横竖他也什么都不知道。

——鲁迅

成为让教师感到骄傲的人

故事话题

著名的物理学家居里夫人因为发现了新的物质——镭获得了诺贝尔化学奖，从此她在世界上都享有崇高的荣誉和名望。可是这一切都没有让居里夫人变得浮夸，她仍然踏踏实实地做着自己的研究工作，并且对于教导过自己的老师仍然心怀尊重。

居里夫人的法语老师因为一些原因远离了自己的故乡，而她一生最大的愿望就是重游故土，可是她没有钱支付从波兰到法国如此昂贵的旅费，所以一直以来这个愿望都没有办法实现。居里夫人非常清楚法语老师一直以来的愿望，恰好当时她正好就住在法国，她不仅代付了老师的全部旅费，还写信邀请老师来自己家中做客。

当法语老师来到居里夫人的家中的时候，她内心带着一丝忐忑，毕竟居里夫人已经不是当初跟随她学习法语的小女孩了，她不仅长大成人，并且成为世界级的科学家。然而，当她再次看到居里夫人的时候，两个人没有任何距离感，依旧是曾经畅所欲言的交谈。

故事解析

对于任何一个老师而言，学生的每一个点进步、每一点成绩都是他们付出的回报，更是他们内心最大的骄傲和成就。

尽管法语老师只是教导居里夫人学习法语，并不是居里夫人专业老师，可是对于自己学生中出现一个世界级的科学家，她内心中同样充满了骄傲和自豪。

努力完成自己的梦想，对老师并不仅仅是知识的回报，是人生的成全，更是属于老师的骄傲。所以努力成为一个能够让老师骄傲的学生，这同样是对老师最好的回报。

故事穿越

著名青年钢琴家李云迪一生之中最感激的恩师便是但昭义先生，但昭义并非是李云迪的启蒙老师，在李云迪刚刚学习钢琴的时候，进步飞快。很快，他的启蒙老师认为这是一个学习钢琴的好苗子，就将他引荐给了但昭义老师。

为了让李云迪更好地学习钢琴，但昭义老师不仅在基础练习的时候，对李云迪严格要求，在内涵上也教育李云迪要多多去感受。

后来，因为工作调动原因，但昭义从四川调到了深圳，为了继续自己的钢琴梦，李云迪全家也随着但老师定居深圳。尤其是在李云迪参加肖邦国际钢琴比赛的时候，但昭义帮助李云迪充分了解每一首演奏曲目的内涵，还非常注意帮助李云迪减压。比赛期间，恰好是李云迪18岁的生日，但老师特意带着他去肯德基快餐店吃饭，希望通过这些减轻他心里的压力。

最终，李云迪不负众望，一举拿下肖邦国际钢琴比赛的冠军。在接下来的钢琴道路上，李云迪无论遇到什么事情，都会和但昭义老师商量，并且一直坚持在钢琴领域上的追求，是但昭义老师最为得意的学生。

故事微语

对于一个老师而言，真正的回报和安慰并非是在金钱和物质方面的回馈，而是在精神世界上给予老师的回报。

当我们还是学生的时候，最好的回馈就是优异的成绩，因为这些都说明了老师的实力和付出；当我们走入社会之后，对老师真正的回报就是努力实现自己的梦想，让自己成为老师的骄傲。

李云迪在钢琴方面的成就，一方面是他自己的付出和天赋，另一方面就是老师对他的指导和栽培。在这个世界上，大多数人并不能够自学成才，只有经过良师的指导和点拨，才能获得真正的成功。

回馈老师，自然就是让自己在专业上更加精益求精，因为只有这样，才能让老师认为自己的付出没有白费。

心灵箴言

为学莫重于尊师。

——谭嗣同

仰之弥高，钻之弥坚。

——《论语·子罕》

一个好学生能够发现自己老师的错误，但是恭恭敬敬地保持沉默，因为正是这些错误对他有所裨益，使他走上大道。

——[俄] 屠格涅夫

用老师传授的智慧打造美好人生

故事话题

著名的音乐家舒伯特的启蒙老师不是别人，正是他的父亲。他自幼跟随父亲学习小提琴，当他进入学校之后，便跟随霍尔泽教堂的乐队长——迈克尔·霍尔泽学习音乐，可是对他而言，真正最有帮助的老师并非是多么出名的音乐家，而是一个名不见经传的乐器行学徒。

舒伯特在音乐方面有非凡的才华，所以很快，迈克尔·霍尔泽就感觉自己已经没有什么东西可以教给舒伯特了。在这个时候，舒伯特就常常跑到乐器行里摆弄那些乐器，一来二去的就和乐器行的学徒混熟了。

后来，那名学徒就常常带着舒伯特去附近的钢琴仓库，让他充分感受钢琴的魅力。如果没有这名学徒在音乐上给予他的启发，或许舒伯特后来就不会成为真正的音乐家，因为当时他的家庭根本就无法给他更好的学习氛围。如果这名学徒没有让舒伯特领略到钢琴的魅力，或许舒伯特就无法接触到如此美妙的音符。

故事解析

学徒教导舒伯特学习钢琴的时候，肯定没有想到这个举动在之后会成为改变舒伯特命运的时刻，也绝对无法想到，这个举动最终给人类带来多么宝贵的精神财富。可是在当时他仍然用自己最质朴的智慧教导了舒伯特。

在我们的学生生涯中，老师们传授给我们的，并不仅仅是一道具体的题目，或者是一个具象的问题，更多的是一种思路、一种逻辑、一份自信，而这些都是我们在学生生涯中需要学会的人生智慧。

或许很多人都不太理解，像数学、地理、政治、音乐等学科，在人生道路上并不能起到多么大的作用，可是在学生时代我们却要花费大量的时间和精力去学习这些学科。这究竟是为了什么呢？其实这些学科都能够锻炼我们的思维，正是这些思维让我们在今后的人生旅途上能够客观理智地思考问题。而这些都是老师们传授给我们的人生哲理和智慧。

故事穿越

在清末民初时期，康有为和梁启超这对师生对于中国历史的变革起到了非常巨大的作用。康有为和梁启超最初都非常支持“戊戌变法”，支持学习西方先进的科学技术来治理中国。

但是在戊戌变法失败之后，康有为和梁启超却在人生道路上出现了巨大的分歧。他们先后流亡到日本，最开始的时候，梁启超还是追随着康有为的脚步，可是随着他对西方西方资产阶级著作的阅读，他的思想发生了巨大的转变，最终他的政治主张改成了革命，而非是从前的保皇。

尽管最终梁启超和康有为在政治方面站在了对立面上，可是梁启超却始终承认，作为老师，康有为传授给他的知识和力量，对自己的人生有着非常重要的作用。如果没有康有为，或许他根本就无法成为一代国学大师。

故事微语

在我们的人生旅途上，老师就相当于我们的引路人一样，带领我们在完成梦想、走向成功。因为他们教会我们的不仅仅是知识，更重要的还在我们的内心深处树立了目标，让我们学会自信、坚持，让我们懂得了信念的力量。

如果没有康有为最初对梁启超的教育，梁启超或许根本就无法接触到西方先进的科学和理念，尽管他才华出众，却也无法成为一代改革先驱。这就是恩师的作用。

尽管有人总说："师傅领进门，修行在个人。"我们在承认个人努力的同时，也要在乎老师在其中所起到的作用，因为正是老师这个领路人的角色，才让我们找到真正的人生目标。

心灵箴言

生命的尊严正是超等价物的一切事物的基点。

——[日] 池田大作

教育就像航海一样：是船的帆和风给船以动力，教师的作用只是掌舵，指导船的航行。

——[美] 耶胡迪·梅纽因《教育杂谈》

老师不是教官，也不是上帝，他不是一切都知道，他也不可能一切都知道。假如他装作一切都知晓的样子，那么你们宽恕他就是，但不要相信他！相反地他若承认，他不是一切都知道，那你们要爱戴他！因为他是值得你们爱戴的。

——[德] 凯斯特纳《开学致词》

第五篇

心怀感恩，勇敢向老师表达感谢之情

在每个人的人生旅途之中，老师正是教会我们知识、素养等问题的人，对于他们，我们心怀感恩。感激他们及时指出我们的缺点和不足，感激他们在我们脆弱的时候给予我们信心，感激他们为了教育好我们所付出的精力。

培养自己的感恩之心

故事话题

感恩之心，能够让我们更加深刻地感受到这个世界，有很多成功人士都非常注重培养自己的感恩之心。著名的理论物理学家和当代伟大的科学家霍金就是一个内心充满了感恩心态的人。

在霍金年轻的时候，因为疾病他全身瘫痪，只有通过3根手指来表达自己的思想。在很多人眼中看来，他的命运实在是坎坷，可是当记者询问霍金，是否怪罪命运让自己遭遇如此不幸的时候，霍金脸上充满了微笑，用3根手指打出这样几句话：

“我的大脑还能思维；我有终生追求的理想；我有爱我和我爱着的亲人与朋友，以及一颗感恩的心。”

3根手指和充分活跃的大脑是霍金唯一的资本，可正是这颗思考活跃的大脑让他收获成功，他并没有因为自己遭遇不幸就迷失了自己，而是找到了真正的人生目标。

故事解析

感恩的心，是我们在这个社会之中不可或缺的心态，因为只有拥有了感恩的心，才能让我们用一种相对平和的心态去面对遭遇的种种困苦。因为只有拥有了感恩的心，才能让我们充分理解人生中的喜怒哀乐。

尽管霍金遭遇种种不幸，甚至在很多人看来，这些不幸足以让一个人从最初的自信、坚定变成颓废的人，可是霍金却并没有丢下自己的信念和感恩的心，所以他成功了，成为了生活中的强者。

学会感恩，感恩所有对我们提供帮助的人，包括父母、亲人、朋友、老师、同事，正是他们的帮助，才让我们逐渐完善自我，成就成功。

学会感恩，能够让我们更加懂得珍惜，珍惜这些来之不易的幸福。

故事穿越

感恩老师，是每一个学生对老师情感投入的报答。1952 年 2 月，南开大学的校长张伯岑因为脑血栓过世，一时之间，他的学生纷纷都回到天津追悼自己的老师。其中一个人的到来引起了所有人的关注，这个人就是周总理。

新中国刚刚成立不久，周总理日理万机，常常因为工作原因没有时间休息，可是当他听说自己的老师过世的消息，他停下了手头的所有工作，立刻赶到天津，并且亲手写下挽联："张伯岑老师千古，学生周恩来敬挽。"

周总理从来都没有忘记，如果没有张伯岑的教导，没有这个老师的严格，也就没有他今天的成就。

更为难得的是，在张伯岑过世之后，周总理始终都关心着师母的生活。在生活困难时期，周总理将自己的购物证送给了张伯岑夫人，并且找人送去了几百元钱，希望能够帮助他们度过困难。

故事微语

感恩老师，给我们飞翔的翅膀；感恩老师，给我们指明人生的方向；感恩老师，给我们前进的动力；感恩老师，给我们放眼世界的慧眼……

即便是已经离开老师多年，周总理却从来没有忘记自己和老师相处时期的点点滴滴，即便是老师过世之后，他仍然怀着感恩的心态去照顾自己的师母。

感恩老师，是每个学生都应该具备的一种心态，更是我们内心深处对老师这份神圣职业的敬重之情。

心灵箴言

上下无材，国之大患也。

——梁启超

与其为成人造班房，不如为孩子建学堂。

——[美] 伊·库克

良师方能启睿智。真理，聪明的教师教学生发现真理。

——德国谚语

所有一切有益人类的事业中，首要的一件，即教育人的事业。

——[法] 卢梭

塑成一个雕像，把生命赋给这个雕像，这是美丽的；创造一个有智慧的人，把真理灌输给他，这就更美丽。

——[法] 雨果

我的老师，我永远的榜样

故事话题

著名的小品演员赵本山徒弟众多，其中有很多徒弟之所以能够被大家所熟知，也都是赵本山的功劳，其中最典型的便是小沈阳的成名之路。

在春节联欢晚会上，小品《不差钱》成功地让电视机前的观众认识了小沈阳出色的演技和唱功。在此之后，他的星途越来越顺畅，从影视作品到小品作品，都得到了广泛的认可。

可是当媒体采访小沈阳的时候，他总是非常谦虚地说，如果没有师傅赵本山，就没有他今天的成绩，而且在艺术上的追求，他也要以赵本山为榜样，要勇于创新，给大家带去欢笑。

故事解析

老师对于学生的影响是非常巨大的，在很多学生的眼中，老师的一言一行，都能给他们带来榜样的作用。

当学生们还是小孩子的时候，正是老师，让他们拥有了明辨是非的能力；当学生们刚刚开始学习之路的时候，正是老师，让他们懂得了学海无涯需要坚持的真理。所以老师的很多品质都能够影响到学生。

自古以来，好的老师总是能够成就学生的一生，那么我们对于老师的态度也需要及时端正，将老师的优秀品质当成自己一生的榜样，让他们成为奋斗的过程中的目标，让我们更容易收获成功。

故事穿越

曾经创造了110米跨栏世界纪录的刘翔，一直在赛场上奋斗着，尽管他在比赛、训练的过程中遭遇过很多次挫折，可是仍然没有放弃自己，真正给予他鼓励的不是别人，正是他的爷爷。

在刘翔的心中，爷爷不仅仅是他的亲人，更是他人生的导师和榜样。刘翔曾经因为体校训练太过艰苦而萌生过放弃的念头。就在这个时候，教会他走路的爷爷走了过来，告诉他自己要学习如何骑自行车。

当时刘翔非常惊讶，爷爷已经是年过古稀的老人，学习骑自行车太危险了。可是爷爷却说，自己这辈子都没有学会骑自行车，这就是自己唯一一个还没有实现的梦想，怎么可以放弃呢？后来，爷爷真的学会了。

通过这件事情，刘翔受到了极大的触动。爷爷在70多岁的时候还是不愿意放弃梦想，坚持学习骑自行车，那么自己又怎么能放弃呢？

就这样，刘翔将爷爷当作内心的榜样，在训练的过程中，无论遭遇了怎样的坎坷和困难，从不放弃任何希望。最终，他在雅典奥运会上，一举成功。

故事微语

在我们奋斗的过程中，不能忽略榜样的作用。

当我们内心中树立了一个榜样，就如同在浩瀚的沙漠中有了一个明确的目标，在最艰难的时刻仍然鼓励着我们继续前行。

在成长的过程中，对学生帮助最大的便是老师，能够成为榜样的也是老师。正如孔子所言，三人行必有我师。所以，在人生中树立一个榜样，就能够给我们带来无穷的力量。

心灵箴言

一个坏的教师奉送真理，一个好的教师则教人发现真理。

——[德] 第斯多惠

师严而后教尊。欲尊乎教，在严其师。欲师之严，在重其位。

——张方平

不要教死的知识，要授之以方法，打开学生的思路，培养他们的自学能力。

——[美] 丁肇中

对一个教师来说，最大的危险就是自己在智力上的空虚，没有精神财富的储备。

——[苏联] 苏霍姆林斯基

直白一些向老师表达谢意

故事话题

残疾钢琴家贝楚齐亚尼这一生最感激的一个人是小号演奏家布鲁内，因为正是他引导自己走进了音乐世界。

在贝楚齐亚尼很小的时候，他就得了非常罕见的软骨病，这种疾病不仅剥夺了他的健康，他的身高也只有 1.1 米，双手也严重变形。

为了生存下去，他只好应聘到剧团去担任小丑，而小号手布鲁内恰好就是这个剧团的演员，他发现贝楚齐亚尼的乐感非常好，就推荐给打击乐演奏家洛马诺重点培养。

经过长时间的训练，他最终成为世界级的钢琴大师。当别人询问起他作为一个残疾人，是什么信念让他坚持到最后，贝楚齐亚尼回答说，是两位老师的栽培。因为他知道，这两个老师培养自己，同样承担了很大的压力，周围的人都觉得他们是疯了，于是他一定要为两位老师争口气。

就这样，贝楚齐亚尼付出了常人难以想象的努力：每天，他都拖着残疾的躯体，在钢琴前一坐就是八个多小时。他的左手严重变形，手掌、手腕往内倾斜，即便是在这样的情况下，他仍然坚持练习。

贝楚齐亚尼的一生非常短暂，只度过了 36 年，可是他仍然努力用自己的行动向老师们表达着自己的感激。

故事解析

中国人是一个情感含蓄的民族，人们并不习惯直白地去表达自己内心的情感，甚至有很多话都觉得不好开口。无论是对于父母的感情，还是对于老师的情谊，太多人都选择深藏在内心之中。

其实大可不必如此，我们要学会积极地去表达自己内心的情感，因为这样才是一个良好的、促进关系的方法。

每一年的教师节，很多人都会购买一些卡片，在卡片上写下自己对老师的感激之情，这也是一种表达情感的方式。

任何一种情感都经不起时间的等待，所以，向来都要直白地表示感激，一方面是为了让老师感受到自己存在的价值，另一方面是为了让自己不留下遗憾。

故事穿越

小明有一个很喜欢的老师——数学王老师，他的数学成绩非常不好，常常是班级里倒数第一名，为此他非常自卑，甚至认为自己天生愚笨。

可是数学王老师却并不放弃他，每天放学后都要单独留下小明，为他辅导，鼓励他不要放弃。经过长时间的努力，小明的数学成绩有了明显的提高。

小明很想趁着教师节给老师买些礼物送去，以表达自己的感激之情，可是他又担心，自己用零花钱买来的礼物老师觉得不够贵重，所以迟迟不敢。

他的母亲看到儿子整日愁眉苦脸，就问他究竟遇到了怎样的烦恼。小明告诉了母亲，母亲告诉他，老师帮助他并非是为了什么物质上的回报，如果有心，哪怕只是一张卡片，老师都能够感受到他的心意。

在教师节那一天，他对王老师说自己有问题想请教，希望放学后能够请老师到教室里给自己辅导。在学生们放学回家之后，他用心在黑板上写下“王老师，谢谢您”几个字。

果然，当老师走进教室，看到小明写下的这句话，脸上露出了最灿烂的笑容。

故事微语

老师和学生之间的情感是非常特殊的，不能用任何物质去衡量。有很多人都有这样的一个误区，认为想要表达自己对老师的感激，越是送贵重的物品才能表达出自己的感激。

其实，老师内心中最期待的并非是这种物质上的回报，而是精神世界中的满足。

老师传授学生知识，并不仅仅是在做知识的传承，而是人生的传承。这种传承是伟大且神圣的，尽管有些老师过于严厉，可我们要体谅老师面对学生的急迫心态。当我们能够真正理解老师，发自肺腑地感激他们，这比世界上任何的物质都要宝贵，都更能体现出教师这份职业的价值。

心灵箴言

人才出于教育。

——康有为

凡诲人者必先自省，知己之学已至，乃可诲人。

——钱琦

一个要教育别人的人，最有效的办法是首先教育好自己。

——[英] 笛福

教导智慧人，他就越发有智慧；指示义人，他就增长学问。

——《箴言》

不忘师恩，当涌泉相报

故事话题

提到诸葛亮，很多人想到的都是“神机妙算”等等，但是我们却忽略了他另一个身份——忠臣。对于刘备而言，诸葛亮是他的智囊团首席军师，而对于刘禅而言，诸葛亮就相当于他的老师。

在刘备身患重病之后，他将刘禅委托给诸葛亮，希望他能够辅佐刘禅成为明君。而刘禅对诸葛亮的态度非常恭敬，这种恭敬甚至超越了一个学生对待老师的态度。

刘禅虽然并没有诸葛亮的智慧，也没有他父亲刘备的才能，可是他懂得一个最浅显的道理，滴水之恩当涌泉相报。因为感恩诸葛亮，他给予诸葛亮极大的信任；因为尊重诸葛亮，他从未在诸葛亮面前摆出皇帝的架子。

这些对于一个帝王而言，是非常难得的，也正是刘禅回报诸葛亮的主要方式。

故事解析

在中国古代历史上，“帝师”都是一个非常独特的存在，他们不仅仅是皇帝的老师，同时也是朝廷中的重臣。甚至曾经有人因为帝师的身份而一人独大，比如张居正。可是皇权被侵犯，是每个皇帝都无法容忍的。

可是刘禅却做到了，他是从内心深处感激诸葛亮对于蜀国的贡献，也感激这位老师能够辅佐自己稳定江山。

感恩老师对自己的付出，才能让我们更加懂得珍惜师生关系。在我们的一生中，总会遇到让我们懂得人生道理和人生智慧的老师，或许我们无从报答他们，可是心怀感激，感激他们的付出和教导，却是我们每个人都应该做到的。

故事穿越

1992 年 3 月，榕城发生了山体滑坡，其中几十名正在劳作的学生差点就被泥石流卷走，在这个关键时刻，金老师将几名学生从泥石流中奋力拉了出来。其中一名学生叫陈君凡。在此之后，陈君凡非常感激金老师的救命之恩。

在陈君凡长大成人之后，他仍然记得金老师种种的好，每逢节假日，都会到金老师家中看望，和他一起度过。不仅如此，他还将这种助人为乐、雪中送炭的精神发扬到了生活中，每当他看到有人需要帮助的时候，都会毫不犹豫地伸出援助之手。

2000 年初，陈君凡听说甘肃有学生因为母亲患病而面临辍学，就开始长期资助这名学生。后来，为了资助更多贫困学生，他加入了福建福海文教基金会。他的义举被媒体报道后，他却谦虚地表示，这些都是他回报金老师的方法。因为他永远都记得当初金老师的救助。

故事微语

对于帮助过我们的老师，我们内心深处永远都会感激他们当初的付出。正如同陈君凡这样，他并没有用物质去感恩教师，而是选择将这种助人为乐的善举传承下去，去帮助更多的人。这样的报恩，比给老师买任何贵重的礼品更能够表达内心的尊重。

感恩老师，并非是需要用物质去表达内心的感激，还有很多其他的方式。但是相比较感恩老师的方式更为重要的，就是我们内心深处的感激之情。

对老师的感恩，是感恩他们当初对于一无所知的学生的谆谆教诲，更是感恩他们为了自己职业所奉献出的力量。

心灵箴言

要提高别人，自己必须是崇高的。

——[德] 尼采

教师自己愈是热忱，他的学生便愈会表现热心。

——[捷克] 夸美纽斯

己方昏昏，而欲人之相从受学而昭昭，岂非一极不正当之教师耶?

——[古希腊] 柏拉图

记住你的管教的目的应该是养成一个能够自治的人，而不是一个要让别人来管理的人。

——[英] 斯宾塞《教育论》

永久保存对老师的思念之情

故事话题

提到秦始皇，很多人都会想到当初他“焚书坑儒”，但是他尊师重道的故事却鲜为人知。公元前 215 年，秦始皇进行第四次出巡，当时他乘坐着马车，突然间就想到了自己上学时候，以及老师对他的淳淳教诲。

秦始皇嬴政，在他刚开始学习写字的时候，觉得自己的姓名太难写了，就和老师抱怨。可是老师却对他说：“你将来是要治理国家、统一天下的人，现在一个简单的嬴字就将你难倒了吗？”

听到老师这样说，秦始皇懂得了一个道理，不管遇到什么样的困难，他都不可以轻易服输。

想到这里，有名侍卫上前通报，已经到了仙岛，请陛下下车，换乘马匹。等到达仙岛的时候，在文武百官面前，秦始皇突然做出了一个惊人举动，他跪倒在地，深深地跪拜。

李斯连忙跪倒，问秦始皇为何这样做。原来在老师给他上课的时候，所用的藤条就是这里种植的，现在老师已经不在身边了，他不能忘记老师对他的教导，所以借此来感恩老师。后来世人就将这座小岛称为秦皇岛。

故事解析

对于老师的感恩，并不是指我们在老师面前才需要保持这种感恩和尊重，当我们真正把感恩记挂在心中，即便是老师不在身边，这份感激和尊重也不会发生任何改变。

就如同秦始皇跪拜自己的恩师，当时老师并不在他的身边，可是当他看到老师曾经教育自己时候所使用的藤条，就想起老师对自己曾经的教诲。

在我们的人生中，学生生涯毕竟是短暂的，可是我们在学生时代所收获的，或许足以能够成为我们人生中的支撑，为我们带来希望和力量。

故事穿越

汉初三杰之一的张良是一位不可多得的军事家、谋略家，可是他一身本领都来源于一个不知名的老者。

那是张良还没有参加反秦队伍之前，有一天，他闲来无事在桥上游荡，碰巧遇到一个老翁。老翁看到他走近，故意将鞋扔到桥下，让张良帮他捡鞋。张良一看老人年事已高，便不多计较，帮助老者捡起了鞋子，还毕恭毕敬地伺候老人重新穿上鞋子。

老翁看到年轻人如此懂得敬老，就让他5天后的晚上到桥头的庙宇里等着自己。

5天之后，张良到了破庙，却看到老者已经等在那里，他非常生气，认为张良迟到是非常不尊重他的举动，就说5天之后再来。

又过了5天，张良特意在天刚亮的时候就到了破庙，结果老人还是比他早到一步。

再过了5天，张良在半夜就赶到了破庙，这一次，老者还没有到。后来，老者交给他一本兵书，并且说这本书能够帮助张良功成名就。

后来，张良感慨道，自己一生之中要感激很多人，其中最感激的便是这位传授给他兵书战法的老者。

故事微语

感恩老师，并不是要将这种感激放在嘴上，而是要铭记于心。就如同张良对于这位老翁一样，尽管历史上并没有明确记载着老翁的真实姓名，可是张良从来不在意自己是否师出无门，用自己的实力为这位老翁正名。

对于每一位学生而言，老师都是传道授业之人，不仅让我们学会了知识，还懂得了做人的道理。可是我们每个人陪伴老师、回报老师的时间却是有限的。当我们离开校园之后，会进入紧张的奋斗生涯中。

所以，想要回报老师，首先就是要珍惜和老师的相处时间，在这段时间里勇敢地说出自己对老师的全部感情；而当我们离开校园之后，将老师教给我们的智慧放在心中，永远铭记着老师的恩情。

心灵箴言

一个人可能会教育别人，但却往往不能教育他自己。

——《便西拉智训》

生而不知学，与不生同；学而不知道，与不学同；知而不能行，与不知同。

——黄希

一个好学生能够发现自己老师的错误，但能恭恭敬敬地保持沉默，因为正是这些错误对他有所裨益，使他走上大道。

——[俄] 屠格涅夫

有 4 种类型的门徒：学得快忘得也快——这种人失而未得；学得慢忘得也慢——这种人得而不失；学得快忘得却慢——此谓智者；学得慢忘得倒快——恶徒一个。

——《塔木德·艾博特》

心灵榜样微史话

柏拉图

柏拉图(约前 427—前 347)，古希腊伟大的哲学家，也是全部西方哲学乃至整个西方文化最伟大的哲学家和思想家之一，他和老师苏格拉底，学生亚里士多德并称为古希腊三大哲学家。另有其创造或发展的概念包括：柏拉图思想、柏拉图主义、柏拉图式爱情、经济学图表等。他写下了许多哲学的对话录，并且在雅典创办了著名的学院。柏拉图是苏格拉底的学生，也是亚里士多德的老师，他们三人被广泛认为是西方哲学的奠基者。

海伦·凯勒

海伦·凯勒，19 世纪美国女作家、教育家、慈善家、社会活动家。享年 88 岁。87 年生活在无声、无光的世界中。在十九个月时因患猩红热而被夺去视力和听力。她完成了一系列著作，并致力于为残疾人造福，建立慈善机构，1964 年荣获“总统自由勋章”，次年被美国《时代周刊》评为 20 世纪美国十大英雄偶像之一。主要著作有《假如给我三天光明》《我的生活》等。

姜子牙

姜子牙(约前 1156—约前 1017)，姜姓，吕氏，名尚，一名望，字子牙，或单呼牙，也称吕尚，别号飞熊。商朝末年人。姜子牙后辅佐了西周王，当了丞相，称“太公望”，俗称太公。西周初年，被周文王封为“太师”（武官名)，被尊为“师尚父”。姜子牙是齐国的缔造者，周文王倾商，武王克纣的首席谋主、最高军事统帅与西周的开国元勋，齐文化的创始人，亦是中国古代的一位影响久远的杰出的韬略家、军事家与政治家。历代典籍都公认他的历史地位，儒、法、兵、纵横诸家皆追他为本家人物，被尊为“百家宗师”。

岳飞

岳飞(1103—1142)，字鹏举，宋相州汤阴人。著名的军事家、战略家、民族英雄，位列“南宋中兴四将”之首。他于北宋末年投军，从1128年遇宗泽起到1141年为止的10余年间，率领岳家军同金军进行了大小数百次战斗，所向披靡，“位至将相”。1140年，完颜兀术毁盟攻宋，岳飞挥师北伐，先后收复郑州、洛阳等地，又于郾城、颍昌大败金军，进军朱仙镇。宋高宗、秦桧却一意求和，以十二道“金字牌”下令退兵，岳飞在孤立无援之下被迫班师。在宋金议和过程中，岳飞遭受秦桧、张俊等人的诬陷，被捕入狱。1142年1月，岳飞以“莫须有”的“谋反”罪名，与长子岳云和部将张宪同被杀害。宋孝宗时岳飞冤狱被平反，改葬于西湖畔栖霞岭。追谥武穆，后又追谥忠武，封鄂王。

鉴真

唐代赴日传法名僧。被日本称作过海大师、唐大和尚。俗姓淳于。14岁在扬州大云寺出家。曾巡游长安、洛阳。回扬州之后，修崇福寺、奉法寺等大殿，造塔塑像，宣讲律藏。四十余年间，为俗人剃度，传授戒律，先后达四万余人，江淮间尊为授戒大师。公元742年，鉴真不顾弟子们劝阻，决心东渡，先后4次都未能成行，直到第5次漂流到海南岛。公元751年回到扬州。

徐特立

徐特立(1877—1968)，原名懋恂，字师陶，中国革命家和教育家，湖南善化(今长沙县江背镇）人。1911年参加辛亥革命，1927年加入中国共产党，同年8月参加南昌起义。1931年11月当选为中华苏维埃共和国中央执行委员会委员。1934年参加长征。新中国成立后，曾任中央人民政府委员会委员。他是毛泽东和田汉等著名人士的老师，是中共第七八届中央委员。徐特立一生致力于社会主义的教育事业。党中央曾评价他“对自己是学而不厌，对别人诲人不倦”，“中国杰出的革命教育家”。著作大都收集在《徐特立教育文集》和《徐特立文集》中。

童第周

童第周，英文名 Tung TC（1902 年 5 月 28 日—1979 年 3 月 30 日），浙江省鄞县塘溪镇人。著名生物学家、教育家，曾任中国科学院副院长、动物研究所所长。1927 年毕业于复旦大学哲学系，1927—1930 年任国立第四中山大学(南京大学前身）自然科学院生物系助教，后长期在山东大学任教。1951 年任山东大学副校长。他是卓越的实验胚胎学家，中国实验胚胎学的主要奠基人，20 世纪生物科学研究的杰出领导者。1978 年，在全国科学大会上，被授予全国科学技术先进工作者称号。

萧红

萧红，1911 年生于黑龙江省哈尔滨市呼兰区。著名女作家。被誉为“30 年代文学洛神”。1935 年，在鲁迅的支持下，发表了成名作《生死场》。1936 年，为摆脱精神上的苦恼东渡日本，并写下了散文《孤独的生活》，长篇组诗《砂粒》等。1940 年与端木蕻良同抵香港，之后发表了中篇小说《马伯乐》和著名长篇小说《呼兰河传》。

华罗庚

华罗庚(1910 年 11 月 12 日—1985 年 6 月 12 日)，汉族，籍贯江苏金坛，祖籍江苏丹阳。世界著名数学家，中国科学院院士，美国国家科学院外籍院士，第三世界科学院院士，联邦德国巴伐利亚科学院院士。中国第一至第六届全国人大常委会委员。

他是中国解析数论、矩阵几何学、典型群、自守函数论与多元复变函数论等多方面研究的创始人和开拓者，也是中国在世界上最有影响力的数学家之一，被列为芝加哥科学技术博物馆中当今世界 88 位数学伟人之一。国际上以华氏命名的数学科研成果有“华氏定理”“华氏不等式”“华—王方法”等。

心灵修养用语微解

感恩：对别人给予的帮助表达自己的感激之情，也是对他人帮助我们的一种内心的回报。

告诫：警告劝诫，（多用于上级对下级或长辈对晚辈）反义词是“听任”；近义词为“警告”。

珍惜：是及时的诠释，及时地做事，及时地爱人，及时地感恩，及时地生活，珍惜永远和幸福，和知足在一起，而远离后悔和贪婪。

完美：完美指完备美好，没有缺陷，是心里遐想的世界，现实中并不存在，是人们渴望得到并追求的一种理念和动力，是存在思想中的。反义词：残缺、缺憾。

欣赏：享受美好的事物，领略其中的趣味；认为好，喜欢，表示称赞。陶潜《移居》诗之二：“奇文共欣赏，疑义相与析。”刘白羽《日出》：“但很长很长时间，我却没有机缘看日出，而只能从书本上去欣赏。”

灵感：灵验；灵应。不用平常的感觉器官而能使精神互相交通，亦称远隔知觉。或指无意识中突然兴起的神妙能力。或指作家因情绪或景物所引起的创作情状。

奉献：“奉”，即“捧”，意思是“给、献给”；“献”，原意为“献祭”，指“把实物或意见等恭敬庄严地送给集体或尊敬的人”。两个字和起来，奉献，就是“恭敬的交付，呈献”。

榜样：值得学习的人或事物。明朝李贽《续焚书·李善长》中写道：“其不私亲，以为天下榜样，亦大昭揭明白矣。”周恩来总理《在上海鲁迅逝世十周年纪念会上的演说》中如是说：“鲁迅和闻一多都是我们的榜样。”

创新：是指以现有的思维模式提出有别于常规或常人思路的见解为导向，利用现有的知识和物质，在特定的环境中，本着理想化需要或为满足社会需求，而改进或创造新的事物、方法、元素、路径、环境，并能获得一定有益效果的行为。

引导：是指通过行为来帮人走出困境，或是带着人向某个目标集体行动。引导者总是在被引导者的前方，可以是行为、动作上先进，可以是思想上先进或技术上先进等等。引导者处于主动位置，被引导者就是处于被动位置。但又跟驾驭不同，驾驭者总是在后边，更不是凌驾与马背之上。

改过自新：“改正错误”的意思。出自司马迁的《史记•孝文本纪》：“妾伤夫死者不可复生，刑者不可复属，虽复欲改过自新，其道无由也。”

一日为师，终生为父：哪怕只教过自己一天的老师，也要一辈子当做父亲看待。比喻十分尊重老师。出自姜太公的《太公家教》节录：“弟子事师，敬同于父，习其道也，学其言语。……忠臣无境外之交，弟子有束修之好。一日为师，终身为父。”